EDEL MARZINEK-SPÄTH

Ich lerne reiten

Schritt für Schritt zum guten Reiter

Nicole Uphoff und Rembrandt Borbet, zweifache Goldmedaillengewinner bei den Olympischen Sommerspielen in Barcelona 1992

Zu diesem Buch

Reiten zu lernen ist wunderschön, aber oft gar nicht so einfach!

Denn Ihr habt es ja mit einem lebendigen Wesen zu tun und nicht mit einem Sportgerät. Deswegen ist es nicht damit getan, die „Techniken" des richtigen Sitzes, der Hilfengebung usw. zu erlernen – zugleich müßt Ihr Euch mit den Verhaltensweisen und Eigenarten von Pferden vertraut machen.

Ohne eine vertrauensvolle Beziehung zum Pferd kann man kein guter Reiter werden, ohne gute Grundausbildung allerdings auch nicht!

Egal, ob Ihr später einmal gemütliche Ausritte machen wollt, ob Ihr es im Springen oder in der Dressur zu etwas bringen wollt: an der gründlichen Ausbildung führt kein Weg vorbei. Sie ist ein Muß für jeden Reiter, der nicht sich selbst und sein Pferd gefährden will!

Das vorliegende Buch ist natürlich kein Ersatz für guten Reitunterricht, aber eine sinnvolle Ergänzung. Es begleitet Euch bei Euren Fortschritten und auch bei Rückschlägen, erklärt die Grundbegriffe des Reitens – und auch, warum manches vielleicht noch nicht so ganz gelingt!

Noch ein Wort zu den Rückschlägen: Auch wenn man – wie ich – schon lange reitet und erfolgreich ist, klappt nicht immer alles wie am Schnürchen. Denn als Reiter lernt man nie aus – unsere geliebten Vierbeiner sorgen immer mal wieder dafür, daß wir das nicht vergessen …

Viel Spaß und Erfolg beim Reitenlernen wünscht Euch

Eure

Nicole Uphoff

Die Deutsche Bibliothek – CIP-Einheitsaufnahme

Marzinek-Späth, Edel:
Ich lerne reiten : Schritt für Schritt zum guten Reiter / Edel
Marzinek-Späth. – München : F. Schneider, 1993
ISBN 3-505-04859-3
NE: HST

Dieses Buch wurde auf chlorfreies,
umweltfreundlich hergestelltes
Papier gedruckt.

© 1993 by Franz Schneider Verlag GmbH
Frankfurter Ring 150, 80807 München
Alle Rechte vorbehalten
Titelfoto: Jürgen Schulzki, Pony-Park Padenstedt
Umschlaggestaltung: Adolf Bachmann
Illustrationen: Claudia Wolfrath
Fotos: Edel Marzinek-Späth
Lektorat: Carola Nowak
Herstellung: Manfred Prochnow
Satz: Tiskarna Ljudske pravice, Ljubljana, Slovenija
Druck: Tiskarna Ljudske pravice, Ljubljana, Slovenija
ISBN: 3-505-04859-3

96 95 94 | 12 11 10 9 8 7 6 5 4 3

Inhalt

Für ADDI –
meinen Mann und unentbehrlichen Berater!

Lern Pferde kennen!

Reiten beginnt nicht mit Reiten. Zumindest sollte es das nicht. Denn Reiten ist kein Sport wie jeder andere, es ist undenkbar ohne das Pferd. Wer meint, daß man Reiten so lernen kann, wie man etwa Fahrradfahren lernt, ist auf dem falschen Dampfer. Vielleicht erfaßt er die Grundbegriffe, aber er wird nie ein Pferdekenner werden und, weil er nicht genug weiß, vieles falsch machen, nicht weiterkommen und vielleicht sogar dem Pferd schaden.

Beschäftige dich deshalb mit Pferden, lange bevor du zum ersten Mal in den Sattel steigst. Studiere ihren Körperbau und ihre Körpersprache, informiere dich über ihre Lebensart, ihre Sinne und ihre Bedürfnisse. Du wirst bald feststellen, daß das spannend und aufschlußreich ist und manche Überraschung mit sich bringt. Im übrigen: Sich mit Pferden zu beschäftigen, sie kennenzulernen, zu putzen und zu versorgen, macht soviel Freude wie das Reiten selbst!

Der Körperbau des Pferdes

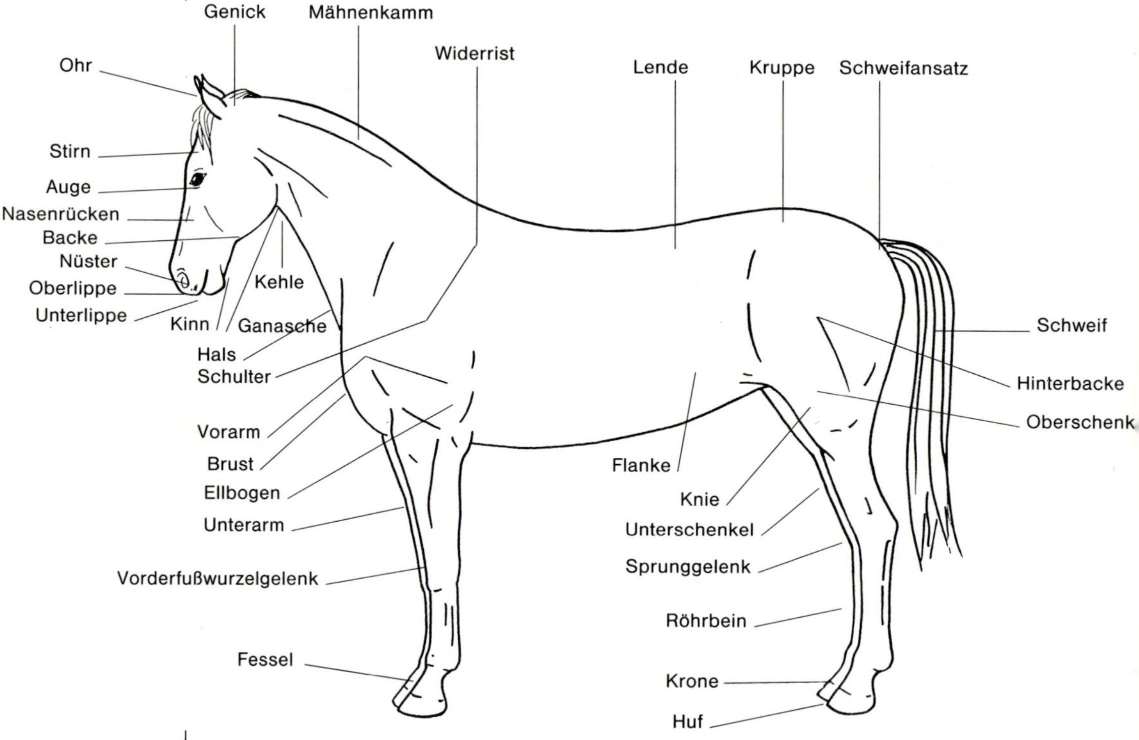

Genick
Mähnenkamm
Widerrist
Lende
Kruppe
Schweifansatz
Ohr
Stirn
Auge
Nasenrücken
Backe
Nüster
Oberlippe
Unterlippe
Kehle
Kinn
Ganasche
Hals
Schulter
Schweif
Hinterbacke
Oberschenk
Vorarm
Brust
Ellbogen
Unterarm
Flanke
Knie
Unterschenkel
Sprunggelenk
Vorderfußwurzelgelenk
Röhrbein
Fessel
Krone
Huf

Schauen, Lesen, Fragen

Sachbücher, die sich speziell mit der Lebensweise der Pferde und mit ihrer artgemäßen Haltung auseinandersetzen, sind eine gute Hilfe. Orientiere dich lieber nicht an Filmen, in denen man Pferden „menschliches" Denken und Verhalten andichtet und dies durch Tricks darstellt!

Die natürlichen Verhaltens- und Ausdrucksweisen von Pferden lernst du am besten auf der Koppel kennen. Laß dir Zeit beim Beobachten. Oft grasen Pferde lange Zeit, ohne daß etwas Besonderes passiert. Doch irgendwann läßt sich ein Pferd auf den Boden nieder und beginnt sich brummend zu wälzen, zwei andere rangeln spielerisch miteinander, oder die ganze Herde galoppiert mit einem Mal übermütig am Zaun entlang, mit hochgereckten Schweifen, die die Lust an der Bewegung signalisieren.

Auf Umzügen, Turnieren und Pferdeschauen siehst du Pferde im Gespann und unter dem Sattel. Du kannst Voltigier-

Jedes Pferd sollte täglich mindestens ein paar Stunden gemeinsam mit Artgenossen auf der Weide verbringen können

pferden zuschauen und solchen, die an der Hand oder in waghalsigen Kunststücken vorgeführt werden. Du wirst Pferde aller Altersgruppen und vieler Rassen sehen, aber auch, wie Reiter mit ihren Tieren umgehen. Leider kannst du dir nicht an allen ein gutes Beispiel nehmen.

Haltung oft mit Schattenseiten

Auch die Haltung von Pferden ist längst nicht immer vorbildlich. Viele Pferde werden in zu kleinen, dunklen und muffigen Ställen gehalten, manche bekommen kaum oder gar nie Koppelgang. Sie leiden unter dem Mangel an Licht, Luft, Abwechslung und Bewegung. Besonders pferdeunfreundlich sind Ständer, in denen Pferde angebunden werden und sich kaum bewegen können. Besser sind Außenboxen, Laufställe und vor allem Offenställe, die es den Pferden ermöglichen, nach eigenem Gutdünken ins Freie zu gehen.

Nicht selten gehen Pferdehalter zu grob mit ihren Tieren um oder überfordern sie durch zu hartes Training. Die Pferde reagieren darauf je nach Temperament mit Unsicherheit oder mit Widersetzlichkeit und nehmen schlechte Erfahrungen selbst beim Umzug in bessere Hände mit.

Pferde können aber auch durch zu viel Nachgiebigkeit verzogen und dadurch aggressiv werden. Konsequent erzogene und gut gehaltene Pferde sind in der Regel umgänglich und wenig schreckhaft.

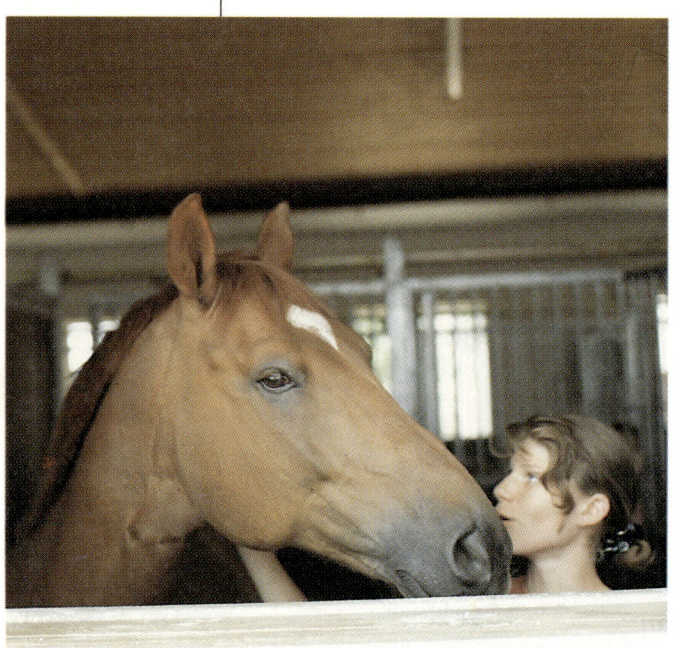

Eine geräumige, luftige Box mit „Ausguck"

Neben dem artgemäßen Verhalten eines Pferdes spielt die persönliche Veranlagung eine Rolle, ebenso das Alter, das Geschlecht und die körperliche Verfassung. Fohlen verhalten sich in vielen Situationen anders als alte Pferde, Hengste anders als Stuten und Wallache, ein müdes Pferd anders als ein ausgeruhtes. Persönliche Eigenheiten einzelner Pferde werden dir besonders beim direkten Umgang mit ihnen auffallen.

 ### Vertrauen durch Kontakt

Sieh zu, daß du in einem Stall erfahrenen Pferdeleuten über die Schulter schauen, ihnen Fragen stellen, vor allem aber auch selber Hand anlegen darfst. Leute, die mit ihren Pferden anständig umgehen, werden sicher auch zu dir nicht unfreundlich sein, wenn du höflich danach fragst. Allerdings gibt es über viele Dinge, die Pferde betreffen, unterschiedliche Meinungen, und das wirst du vermutlich auch recht bald mitbekommen. Hör zu, aber misch dich als Neuling nicht ein. Häufig ist ein Standpunkt so gut oder anfechtbar wie der andere.

Für vieles gibt es jedoch allgemeingültige Regeln. Eine davon lautet: Gehe niemals auf eine fremde Koppel oder in eine fremde Box, und verteile nicht ungefragt Futter oder Leckerbissen. Nähere dich einem Pferd stets so, daß es nicht erschrickt – es könnte instinktiv auskeilen oder sich losreißen! Sprich es an und warte, bis es sich dir zuwendet, bevor du zu ihm hingehst. Nütze die Gelegenheit, wenn man dir anbietet, beim Versorgen von Pferden mitzuhelfen. Beim Füttern und Putzen kommst du Pferden sehr nahe und wirst mit ihnen vertraut. Gehe freundlich, aber bestimmt mit ihnen um, damit sie dich auch respektieren. Aber wenn du Angst hast, weil ein Pferd beispielsweise immer wieder zwickt, dann sag es. Du brauchst dich deshalb nicht zu schämen. Vielleicht findest du ein Pferd, das du regelmäßig versorgen darfst und mit dem du dich besonders gut verstehst. Laß dich aber auch bei einem Pflegepferd nicht ausnützen und dir schwere Arbeiten aufbürden, die dich überfordern.

Pflege mit Striegel und Kardätsche

Es soll Reiter geben, die noch nie ein Pferd geputzt haben. Aber für die wirklichen Pferdefreunde unter den Reitern ist das Putzen geradezu eine Vorbedingung für das Reiten. Geputzt werden muß auf jeden Fall immer, bevor ein Pferd gesattelt wird. Pferde, die überwiegend im Stall stehen, brauchen die tägliche Fellpflege auch dann, wenn sie nicht geritten werden. Sie bekommen zu wenig natürliches Licht, das den Stoffwechsel im Körper günstig beeinflußt. Durch die Massage beim Striegeln und Bürsten wird dieser Mangel etwas ausgeglichen. Ein echter Ersatz für Koppelgang ist das natürlich nicht, aber zumindest eine kleine Hilfe.

Eine kleine Anleitung soll dir den Einstieg in die Praxis erleichtern. Für die normale Pflege brauchst du: einen *Gummistriegel*, eine *Kardätsche* (Bürste mit weichen, dichten Borsten), einen *Metallstriegel*, eine

Sauberes, gepflegtes Putzzeug ist ein Muß für gute Pferdepflege

Wurzelbürste, einen *Hufkratzer*, einen *Mähnenkamm* und zwei *Schwämme* in verschiedenen Farben.

Wenn du nicht in der Box putzen kannst, binde das Pferd in der Stallgasse oder vor dem Stallgebäude an, damit es dir nicht wegläuft. Leg dabei das Stallhalfter vorerst um den Hals des Pferdes, denn so stört es nicht beim Putzen. Bürste das Pferd am Kopf vorsichtig mit der Kardätsche: zwischen den Ohren, die Nase entlang, seitlich und am Unterkiefer. Vielleicht brauchst du etwas Geduld dazu, denn nicht jedes Pferd läßt sich gern am Kopf putzen. Danach streifst du das Halfter wieder über den Kopf. Entferne dann mit dem Gummistriegel oder der Wurzelbürste den groben Schmutz aus

dem Fell. Fang am Hals an – auf welcher Seite, ist nicht so wichtig –, und hebe dabei auch die Mähne hoch. Striegle in kurzen, kräftigen Zügen über Brust, Rücken und Seiten bis zur Kruppe und zu den Hinterbacken. Zwischendurch wird der Striegel immer wieder auf dem Boden ausgeklopft.

Vorsicht, kitzlig!

An den Gelenken und unterm Bauch darfst du nur behutsam striegeln. Bei kitzligen oder empfindlichen Pferden nimmst du dafür besser die Kardätsche. Mit ihr bürstest du nach dem Striegeln das ganze Pferd nach. In den dichten Borsten bleiben der feinere Staub und losgelöste Hautschüppchen hängen.

Zuerst entfernt man den groben Schmutz mit dem Gummistriegel

16

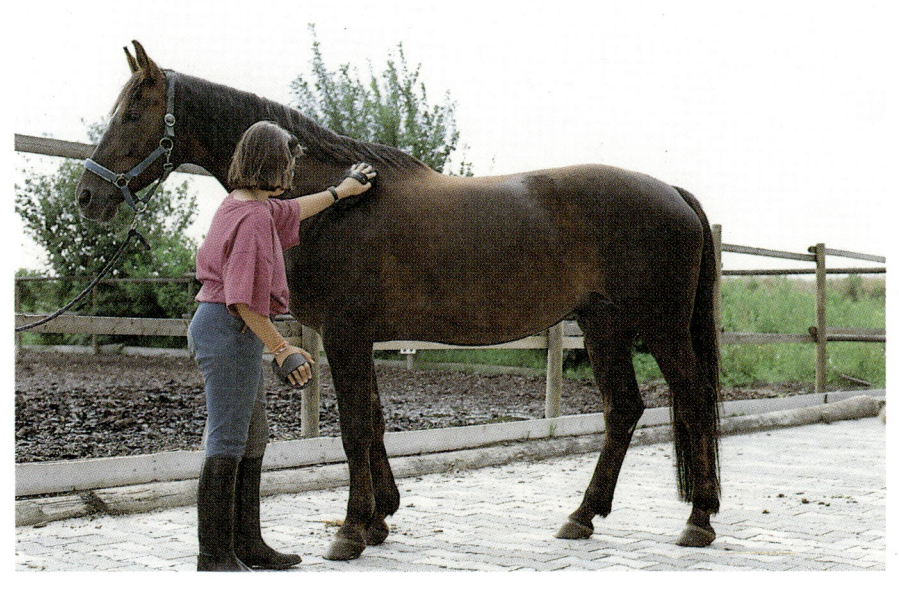

Dann glättet man das Fell mit der Kardätsche

Streife die Kardätsche über die Hand, die zum Pferdekopf zeigt. Die andere Hand hält den Metallstriegel. Dieses Gerät ist ausschließlich zum Abstreifen der Kardätsche und nicht zum Fellbearbeiten da! Arbeite mit kräftigen, langen Strichen vom Hals nach hinten. Streife nach jedem oder jedem zweiten Bürstenstrich die Kardätsche am Metallstriegel ab, damit du den Staub nicht wieder in das Fell hineindrückst. So entsteht ein regelrechter Rhythmus: bürsten – abstreifen, bürsten – abstreifen.
Nun reinige Mähne und Schweif mit der Wurzelbürste. Halte dabei die Mähne und die Schweifhaare am Ansatz fest, damit es nicht ziept. Kämme anschließend Mähne und Schweif mit dem Mähnen-

kamm durch, aber ohne zu reißen.
Säubere dann mit dem einen feuchten Schwamm sorgfältig Augen und Nüstern. Nimm für den After und die Geschlechtsteile den zweiten Schwamm – und verwechsle sie nicht bei der nächsten Pflege!

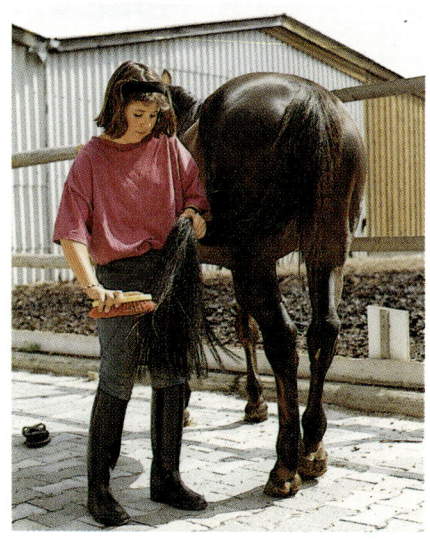

Die Schweifhaare kann man mit einer Bürste oder mit der Hand ordnen

17

Besonders wichtig ist das gründliche Säubern der Hufe

von vorn nach hinten aus, besonders am Strahl, dem keilförmigen Mittelteil der Hufunterseite. Schrubbe das äußere Horn mit der Wurzelbürste, bei festsitzendem Schmutz eventuell mit Wasser. Mit Huffett kann man die Hufe glänzend machen. Ein gesunder, fester und elastischer Huf braucht aber weder täglich gewaschen noch eingefettet zu werden.

Wenn du mit dem Putzen fertig bist, vergiß nicht, das Putzzeug wegzuräumen und den Schmutz zusammenzufegen!

Auch wenn du schon ziemlich selbständig mit Pferden umgehst, wird dir bald auffallen, daß man bei ihnen immer noch etwas Neues dazulernen kann! Und noch eins: Pferde hören ruhig zu, wenn man ihnen etwas erzählt, sie machen keine dummen Bemerkungen und erzählen nichts weiter …

Zum Schluß entfernst du den Schmutz aus den Hufen. Räume ihn mit dem Hufkratzer

---

Wußtest du, daß …

… Pferde im Freiland etwa die Hälfte eines Tages, rund zwölf Stunden lang, mit Fressen beschäftigt sind?

… Pferde auf verschiedene Weise schlafen? Sie dösen im Stehen, in Bauchlage schlummern sie. Richtigen Tiefschlaf hat ein Pferd meist nur, wenn es ganz entspannt auf der Seite liegt.

… Wälzen ein Grundbedürfnis der Pferde ist? Sie wälzen sich mit Vergnügen auf Sand, in Pulverschnee, in Schlammpfützen, auf kurzgefressenem Gras und – auf frischer Einstreu.

Welche Reitschule – welche Ausrüstung?

Die richtige Schule

Wochen-, vielleicht schon monatelang hast du nun ein oder mehrere Pferde betreut, hast sie regelmäßig geputzt, den Stall saubergemacht und beim Füttern geholfen. Jetzt willst du endlich auch aufs Pferd. Wenn du bereits in einer Reitschule verkehrst, wirst du wahrscheinlich auch deinen Unterricht dort nehmen, sofern Anfänger unterrichtet werden. Sonst mußt du dich auf die Suche machen. Besuche nach Möglichkeit – zusammen mit deinen Eltern – mehrere solcher Einrichtungen, private Reitschulen ebenso wie Reit-vereine, damit du Vergleiche ziehen kannst.

Schau dich dort erst einmal gründlich um. Die Kosten für den Unterricht sind nicht unbedingt ein Anhaltspunkt für Qualität. Sind die Pferde gut untergebracht, sehen sie gepflegt und wohlgenährt aus? Machen sie einen entspannten Eindruck, oder wirken sie eher unzugänglich und abwehrend? Ist der Reitplatz, sind die Zugangswege aufgeräumt, oder liegen Hindernisteile und Geräte herum, die die Sicherheit gefährden können? Vor allem: Wie geht es beim Unterricht zu? Wenn die Reiter mit versteinerten Gesichtern auf verkrampft gehenden Pferden sitzen, der Reitlehrer unentwegt brüllt und die Schüler beschimpft, dann laß dich von noch so modernen, blitzsauberen Stallungen nicht blenden. Hier würde dir wahrscheinlich die Freude am Reitenlernen bald vergehen. Ein guter Ausbilder schüchtert seine Schüler nicht ein, sondern macht ihnen Mut und fördert sie dadurch! Seine Anweisungen sind klar und deutlich, er korrigiert Fehler ohne Schärfe, es darf gefragt und auch einmal fröhlich gelacht werden. Trotzdem kann auch ab und zu ein deutliches Wort fallen, etwa wenn ein Schüler zum wiederholten Male nicht aufpaßt oder seine Mitschüler vom Unterricht ablenkt. In einer qualifizierten Reitschule gibt es einen Schu-

lungsplan mit feststehenden Zeiten (Putzen und Satteln eingeschlossen!), zu denen nicht nur die Schüler pünktlich erscheinen, sondern auch der Ausbilder oder die Ausbilderin durchgehend anwesend ist. Günstig ist es, wenn theoretischer Unterricht angeboten wird, vielleicht mit Dias oder mit Videoclips und direkt am Pferd. Erkundige dich auch, ob es für Anfänger Longenstunden und Einzelunterricht gibt, bevor sie in einer Gruppe, einer sogenannten Abteilung, zusammengestellt werden. Neulinge sind beim sofortigen Abteilungsreiten meist überfordert – und die Pferde auch. Buche also in deinem eigenen Interesse zuerst einige Unterrichtsstunden an der Longe. Sie sind zwar teurer als Abtei-

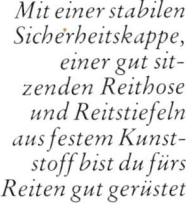

Mit einer stabilen Sicherheitskappe, einer gut sitzenden Reithose und Reitstiefeln aus festem Kunststoff bist du fürs Reiten gut gerüstet

lungsunterricht, bringen dich aber schneller voran.

Die Reiter-„Kluft"

Preiswert kann sie sein, praktisch und sicher muß sie sein – die Ausrüstung für Reitanfänger. Zu den ersten Unterrichtsstunden brauchst du nicht unbedingt in kompletter, nagelneuer Reitkleidung zu kommen.

Vernünftigerweise wird aber meist verlangt, daß die Schüler eine *Sicherheitskappe* tragen. Sie besteht aus bruch- und splitterfestem Material (Spezial-Hartkunststoff) und ist mit weichem Schaumstoff, Filz oder Leder gefüttert. Ein verlängertes Nackenteil schützt das Genick. Achte darauf, daß das Halteband breit und gut befestigt ist. Ein dünnes Band schnürt am Hals ein und reißt schnell ab. Besonders empfehlenswert, auch für spätere Ausritte, ist eine Reitkappe mit festem Kinnschutz. Auch in Ställen, in denen die Kappe nicht Vorschrift ist, solltest du sie in deinem eigenen Interesse unbedingt tragen!

Als *Reithose* kannst du jede von deinen Hosen nehmen, die aus glattem, nicht zu dünnem Stoff angefertigt ist, an den Knien nicht spannt, aber auch an den Waden nicht hoch-

rutscht. Die Nähte dürfen nirgends drücken. Zwänge dich nicht in eine sehr stramm sitzende Hose! Sie engt dich im Sattel zu sehr ein. Und sicher willst du nicht Gefahr laufen, daß eine Naht platzt und du hintenherum „luftig" deine Reitstunde beendest! Zu weite Hosen werfen Falten und führen dadurch zu Druck- und Scheuerstellen. Willst oder sollst du gleich zu Anfang eine richtige Reithose tragen, dann schau an der Informationstafel im Reitstall, im Kleinanzeigenteil von Pferdezeitschriften oder in einem Anzeigenblatt nach, bevor du in den Reitsportladen gehst. Oft werden getragene, aber gut erhaltene Reithosen, aus denen jemand herausgewachsen ist, preiswert angeboten.

Gute Gründe für festen Fußschutz

Beim Reiten wie beim sonstigen Umgang mit Pferden sind feste *Schuhe* angeraten. Wenn dir ein Pferd einmal – aus Versehen – auf den Fuß getreten ist, wirst du diesen Rat verstehen! Auch die Holzverkleidung in der Reithalle gibt nicht nach, wenn du dagegen schrammst. Zehen- und Knöchelverletzungen vermeidest du am besten in Stiefeln aus

Leder. Du solltest die Hosenbeine darin verstauen können, damit du mit ihnen nirgends hängenbleibst. Geeignet sind außer den relativ teuren Hochschaftreitstiefeln auch Boots oder Westernstiefel mit flachem Absatz. Bei feuchtem Wetter kannst du in Gummi- oder Plastikstiefel schlüpfen. Das Schuhwerk darf kein grobes Profil an den Sohlen haben, das sich in den Steigbügeln verhaken könnte! In weiten und zu kurzen Schäften hängt sich leicht das Sattelblatt ein. Auch sie sind zum Reiten also nicht geeignet.

Zieh keine überlangen *Blusen*, *Pullis* oder *Sweatshirts* an, sie stören, wenn du im Sattel darauf sitzen mußt. *Jacken* und *Anoraks* fürs Reiten sollten aus dem gleichen Grund im Rückenteil geschlitzt sein.

Unterwäsche und *Strümpfe* müssen glatt sitzen und natürlich schweißaufsaugend sein.

Außerdem brauchst du, sobald du selbständig reitest, *Handschuhe*. Erstarrte Eishände in der kalten Jahreszeit sind unangenehm, und du verlierst auch das Gefühl für die sanfte Zügelführung. Aber selbst im Sommer sind Reithandschuhe keine Angeberei, sondern sogar ein Muß, wenn du zu Schweißhänden neigst. Die Zügel reiben dir sonst wunde Stellen, und sie können dir · leicht durch die Finger rutschen. Handschuhe müssen den Zügeln einen guten Halt geben; am preiswertesten ist es, Wollhandschuhe mit Stoff- oder Lederflicken zu versehen, um das Gleiten zu verhindern.

Nichts für Anfänger: Sporen

Vielleicht wirst du in deiner Reitschule aufgefordert, eine *Gerte* mitzubringen – wenn auch nicht gleich zu den Longenstunden. Sie ist nicht dafür vorgesehen, das Pferd zu „verhauen"! Wenn du eigenständig reitest, kannst du mit ihr deine anfangs sicherlich noch mangelhafte Einwirkung unterstützen, indem du das Pferd damit gegebenenfalls sanft antippst. Reitgerten für den normalen Unterricht sind etwa 80 bis 100 cm lang, die kürzeren Spezialgerten fürs Springen und die langen Dressurgerten eignen sich dafür nicht.

Keinesfalls brauchst du *Sporen*. Das sind U-förmige Gebilde aus Metall mit einem kurzen „Stiel", dessen Ende stumpf auslaufend oder mit einem Rädchen, einer Spitze oder anderen „Schikanen" versehen ist. Sie sollen die Einwirkung des Reiterschenkels verstärken, werden aber selbst bei „Könnern" oftmals unnötig und zu häufig eingesetzt. Als Anfänger, der seine Schenkel noch nicht ganz ruhig halten kann, würdest du deinem Pferd damit nur in den Leib piksen und es dadurch zu Abwehrreaktionen veranlassen.

Leder und Metall fürs Pferd

Zwei Dinge benutzt man üblicherweise fürs Pferd, wenn man es reiten will: ein Zaumzeug und einen Sattel. Für Anfänger sind sie unentbehrlich. Wundere dich aber nicht, wenn du irgendwo einmal Reiter auf ungesattelten Pferden oder gar „zügellos" reiten siehst – möglich wird dies durch viel Übung und eine besonders gute Übereinstimmung zwischen Pferd und Reiter. Und bis dorthin ist es für dich noch ein langer Weg …

Die Zäumung, die du zunächst kennenlernen wirst, ist der *Trensenzaum.* Ein Metall-, Gummi- oder Kunststoffstück mit großen Ringen an den Enden bildet sein Kernstück. Es heißt Mundstück oder *Gebiß* (hat aber mit einem künstlichen Zahnersatz nichts zu tun!). Sein „Wirkungsort" ist das Maul des Pferdes. Es liegt auf der Zunge und den Laden, dem zahnfreien Unterkieferbe-

reich des Pferdes. Es darf nicht zu kurz sein: Die dicken Enden sollen etwas herausschauen, damit die Ringe nicht am Pferdemaul reiben können. Meist ist das Trensengebiß „gebrochen", das heißt, durch ein Gelenk in der Mitte beweglich. Trensengebisse können dick oder dünn sein, massiv oder hohl. „Starr" nennt man ein Gebiß, das aus einem einteiligen, durchgehenden Stück (= Stange) besteht.

Merk dir dazu vorläufig nur: Je dicker ein Gebiß ist, um so „weicher" ist seine Wirkung; je dünner, desto schärfer. Starre Gebisse wirken meist stärker als gebrochene. Vom Material her sind Gebisse aus Gummi am weichsten.

In die Trensenringe wird das sogenannte *Kopfstück,* meist aus Leder, eingeschnallt. Es hält das Gebiß im Pferdemaul und muß unbedingt richtig verpaßt sein. Ist es zu kurz verschnallt, werden die Maulwinkel des Pferdes hochgezogen. Wenn es zu lang geschnallt ist, kann das Gebiß herausrutschen oder vom Pferd ausgespuckt werden.

Das Kopfstück wird meist durch einen *Kehlriemen* und einen *Stirnriemen* ergänzt. Beide gewährleisten einen besseren Sitz des Zaumzeuges. Ein separater *Nasen-Kinn-Riemen* wird dagegen seltener benutzt.

Statt dessen verwendet man fast immer ein *Reithalfter*. Es ist keineswegs, wie du vielleicht glauben könntest, ein untrennbarer Teil der Trense. Tatsächlich ist das Reithalfter ein eigenständiger Teil der Zäumung, den man auch weglassen kann. Es übt Druck auf den Nasenrücken und das Kinn des Pferdes aus, verstärkt die Wirkung des Gebisses und hindert das Pferd unterschiedlich stark daran, das Maul zu öffnen. Besonders beim *Hannoverschen Sperrhalfter* kann auch die Atmung (Pferde atmen nur durch die Nase!) behindert werden. Sein Nasen-Kinn-Riemen wird über die Trensenringe geschnallt. Beim *Mexikanischen* oder *Kreuzhalfter* und beim *Kombinierten Reithalfter* liegen die unteren Riemen ebenfalls über den Ringen. Milder wirkt das *Englische Reithalfter*, dessen Nasenriemen unter den Backenteilen des Kopfstückes verläuft.

In die Trensenringe werden zwei einzelne *Zügel* eingeschnallt, die an ihren Enden mit einer Schnalle verbunden sind. Sie sind zwei bis drei Zentimeter breit, aus Leder oder Gurtstoff und haben meist kleine Lederstege, die verhindern sollen, daß die Zügel zu weit durch die Hände rutschen.

Mit Hilfe der Zügel drückt der Reiter das Gebiß indirekt gegen die Zunge und die Laden des Pferdes – je nach Kraftentfaltung mehr oder weniger stark. Selbst mit einem sogenannten weichen Gebiß kann man dem Pferd sehr zusetzen, wenn man mit den Zügeln

nicht einfühlsam genug umgeht!

Vermutlich wirst du bereits in den ersten Reitstunden bestimmte *Hilfszügel* kennenlernen. Eventuell wird dein Pferd mit einem *Stoßzügel* „ausgebunden". Er ist mit Schnallen an den Trensenringen festgemacht und verläuft von dort zwischen den Vorderbeinen des Pferdes zum Sattelgurt. Statt des Stoßzügels werden oft auch zwei seitlich verlaufende *Ausbinder* verwendet. Das Pferd kann so den Kopf nicht hochreißen und gibt eher im Rücken nach. Dadurch kannst du als Reitanfänger besser sitzen, und das wirkt sich wiederum günstig aufs Pferd aus. Gebräuchlich ist heute auch bei fortgeschrittenen Reitern das *Martingal*, das das Pferd eben-

falls am Kopfschlagen hindern soll, besonders beim Springen. Stoß- und Ausbindezügel wie auch das Martingal verstärken die Wirkung des Gebisses. Das Pferd versucht diesem stärkeren Druck auszuweichen, indem es seinen Kopf unten be-

hält. Nicht immer sind solche Hilfszügel aber auch wirklich nötig! Oft werden sie außerdem zu eng verschnallt und sind dann eine anhaltende Qual für die betroffenen Pferde.

Andere Zusatzzügel, die zum Beispiel zur Korrektur von verrittenen (durch falsches Reiten geschädigten) Pferden verwendet werden, sind Schlaufzügel, Chambon, Köhlerzügel und ähnliche Konstruktionen. In manchen Ställen scheint man ohne sie nicht mehr auszukommen, aber wirklich gute Reiter und Pferdeausbilder gebrauchen sie nur ausnahmsweise.

Gut gesattelt – gut gesessen

Wenn du das erste Mal in den Sattel steigst, wird es dich wahrscheinlich noch wenig interessieren, wie dieser Teil der Ausrüstung beschaffen ist. Nimm dir aber Zeit, sobald du die ersten Lern-„Strapazen" hinter dir hast, um ihn näher zu betrachten. Schließlich erfüllt er wichtige Aufgaben! Er muß rund 40 bis 90 kg Reitergewicht aushalten, Gewichtsverlagerungen auf den Pferderükken übertragen und darf trotzdem das Pferd nicht drücken. Außerdem soll der Reiter einigermaßen komfortabel sitzen. Vorerst wirst du vermutlich auf einem *Mehrzwecksattel* zu sitzen kommen. Man nennt ihn auch Gebrauchssattel. Er eignet sich für das allgemeine Reiten, insbesondere auch für das Reitenlernen. Andere Sattelformen sind für spezielle Reitarten entwickelt, zum Beispiel für das Dressur- und das Springreiten, für Wanderritte oder für Rennen.

Sattelunterlagen sollen einerseits Schweiß, Staub und Pferdehaare vom Sattel fernhalten, andererseits den Pferderücken vor Druckstellen durch den Sattel schützen. Eine weitere Funktion besteht darin, das Reitergewicht über den Rükken des Pferdes zu verteilen.

Das gebräuchlich-ste Trensengebiß ist die gebrochene Wassertrense

Es gibt sie aus schlichtem Filz ebenso wie aus Baumwolle, Kunststoffen und Fell.
Der Sattel wird mit einem *Sattelgurt* am Pferd gehalten. Von seiner Reißfestigkeit hängt wesentlich die Sicherheit des Rei-

ters ab! Man verwendet Leinen, Kunstfasern und Leder, in Form von Strippen oder Schnüren, sowie Metallschnallen. Wenn einmal eine Strippe reißen sollte, halten die restlichen Riemen zumindest noch

Die Bestandteile eines Sattels

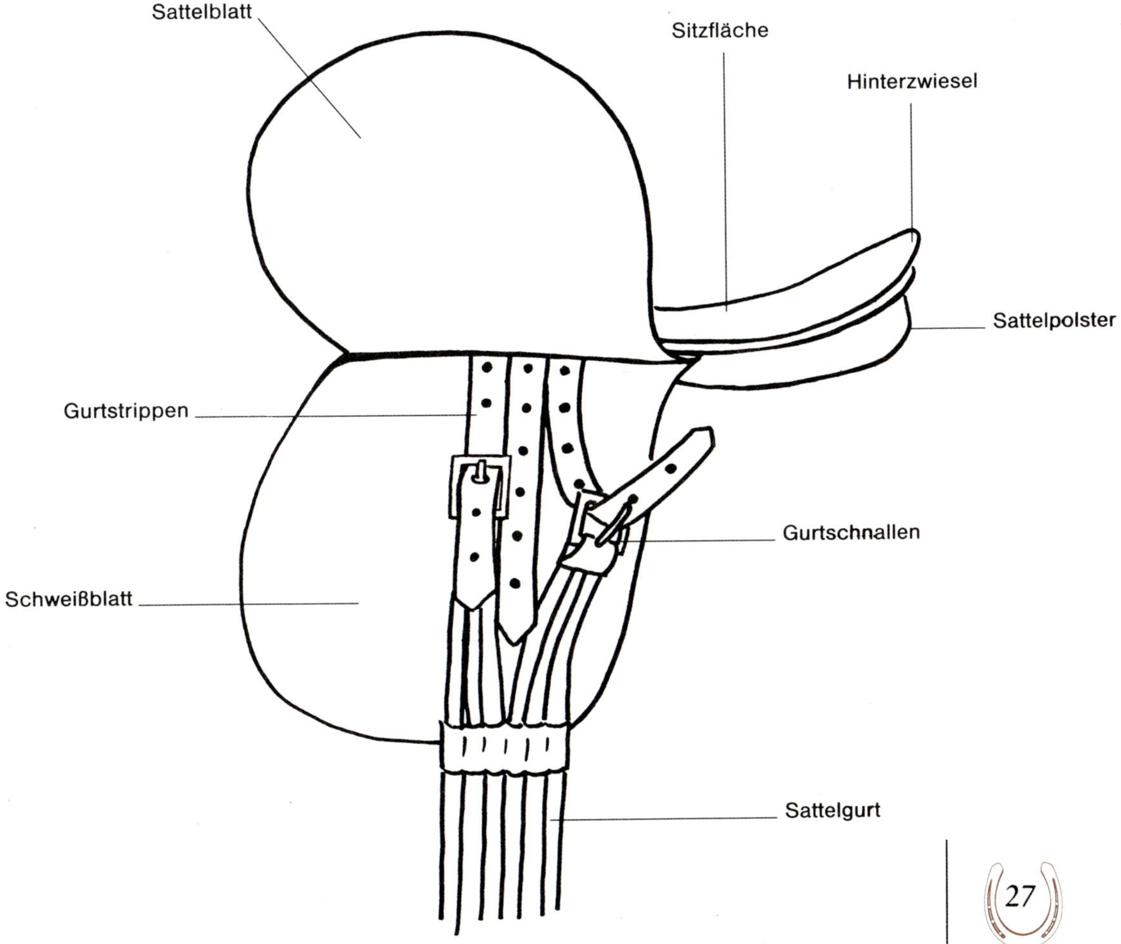

Sattelblatt

Sitzfläche

Hinterzwiesel

Sattelpolster

Gurtstrippen

Gurtschnallen

Schweißblatt

Sattelgurt

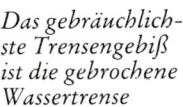

kurzfristig. Sattelgurte können ziepen, deshalb versieht man sie bei empfindlichen Pferden mit einem Überzug aus glattem und weichem Material.

Die *Steigbügel* bieten deinen Füßen Halt beim Aufsteigen und während des Reitens. Sie werden mit verstellbaren ledernen Riemen am Sattel befestigt. Die offene Sohle der bei uns gebräuchlichen Stahlbügel wird meist mit einer rutschhemmenden Gummiplatte versehen. Wenn dir die Steigbügel zu eng sind, soll-

test du es dem Ausbilder sagen, denn du könntest darin stekkenbleiben und deshalb unsicher werden.

Bei manchen Pferden schiebt sich wegen ihrer Rückenform der Sattel leicht etwas nach hinten oder vorn. Dadurch sitzt der Reiter unsicher, und beim Pferd können Scheuerwunden entstehen. Mit einem *Vorderzeug*, das am Sattel befestigt wird, verhindert man, daß der Sattel zu weit nach hinten rutscht. Ein *Schweifriemen* „bremst" einen Sattel, der nach vorn rutschen will.

Ein gut sitzender Sattel ist extrem wichtig. Dieses Pferd trägt ein Vorderzeug, das das Verrutschen des Sattels verhindert

Wußtest du, daß ...

... Sättel in Westeuropa bis in die ersten Jahrhunderte nach der Zeitenwende noch unbekannt waren? Die Reiter saßen nur auf Decken, Kissen oder Fellen, die den Pferden umgeschnallt wurden. Erst durch die Hunnen kamen Sättel und Steigbügel im 5. Jahrhundert n. Chr. so richtig „in Mode".

28

Vom Satteln, Zäumen und Führen

Immer noch soll es Reitschulen geben, in denen die Schüler wie Herrenreiter behandelt werden. Sie erhalten zwar vielleicht einen vorzüglichen Reitunterricht, aber eines lernen sie nie: wie man ein Pferd sattelt und zäumt (vom Putzen, Misten und sonstiger Stall-, Weide- und Pferdepflege ganz zu schweigen)! Diese Arbeit wird ihnen vom Stallpersonal abgenommen. Die Pfleger erhalten dafür meist eine kleine Entlohnung von den Reitschülern, das Sattelgeld. Die Reiter brauchen bloß noch aufzusitzen. Oft wird ihnen sogar dabei noch geholfen, die Gerte nachgereicht und das Pferd vom Stall zur Reitbahn geführt. Die meisten Reitschulen wollen damit vermeiden, daß die Reiter falsch satteln – aber man nimmt sich (oder hat) keine Zeit, um es ihnen richtig beizubringen. Solche Reiter kommen in große Verlegenheit, wenn sie plötzlich einmal auf sich alleine gestellt sind, denn sie wissen sich nicht zu helfen!

Suche dir möglichst eine Reitschule, in der das Satteln und Zäumen zum Unterricht gehört. Du kannst es – eventuell auch bei Freunden – schon üben, bevor du zu reiten beginnst!

Um ein Pferd reitfertig zu machen, holst du als erstes das Sattel- und Zaumzeug aus der Sattelkammer. Beim richtig verwahrten Sattel sind die Steigbügel hochgezogen, der

Blick in eine Sattelkammer. Hier werden Sättel, Zaumzeuge, Longen, Putzzeug und andere Reitutensilien aufbewahrt

zuerst gezäumt, dann gesattelt. Das Stallhalfter (falls das Pferd eines trägt) kannst du gleich abnehmen, denn das Pferd kann dir ja nicht weglaufen. In offenen Ständern (die es jedoch höchstens noch als Notunterkunft geben sollte!), auf dem Stallgang oder auf dem Sattelplatz ist die Reihenfolge umgekehrt. Hier wird zuerst der Sattel aufgelegt und befestigt, dann werden die Zügel auf den Hals gelegt, das Stallhalfter abgenommen und der Zaum angelegt. So hast du immer etwas zur Hand, falls dein Pferd wegzulaufen versucht.

Nur ein sauberes Pferd satteln!

Natürlich darfst du ein Pferd nur satteln, wenn es zuvor geputzt worden ist. Schmutz und Schweiß führen ebenso zu schmerzhaften Druckstellen, die meist lange zum Ausheilen brauchen, wie falsches Satteln. Ein Pferd, das bereits eine Scheuerwunde oder eine andere Verletzung in der Sattel- oder Gurtlage hat, darf überhaupt nicht gesattelt werden! (In bestimmten Fällen darf ein Pferd mit noch nicht verheiltem Satteldruck mit blankem Rücken, also ohne Sattel, geritten werden.)
Geh zum Satteln an die linke

Sattelgurt ist über die Sitzfläche gelegt. Leg ihn dir so über den Arm, daß er nicht herunterfallen kann – er könnte sonst beschädigt werden.
Das Zaumzeug hängst du dir über die Schulter oder trägst es am Genickstück in der Hand, zusammen mit den Zügeln. Beim Tragen darf kein Teil baumeln oder gar auf der Erde schleifen. Es wird sonst schmutzig, vor allem aber könntest du darin hängenbleiben, oder es könnte ein Teil reißen.
In der Box wird üblicherweise

Das Satteln

Man hebt den Sattel vor dem Widerrist auf den Rücken des Pferdes und schiebt ihn von vorn nach hinten auf die tiefste Stelle des Rückens, die sogenannte Sattellage

Die Sattelunterlage muß glatt liegen. Im Sattelbogen drückt man sie etwas nach oben

Seite des Pferdes, und streiche zuerst mit einer Hand über den Pferderücken. So bereitest du das Pferd auf das Gesatteltwerden vor. Dann legst du den Sattel auf, etwas vor dem Widerrist (das ist der erhöhte Übergang vom Hals zum Pferderücken). Bitte mit Gefühl – du hättest es sicher auch nicht gern, daß man dir etwa deine Schultasche mit Wucht in den Rücken knallt! Zieh nun den Sattel samt Sattelunterlage rückwärts in die richtige Lage kurz hinter dem dicken Schultermuskel. So liegt das Fell unter dem Sattel in seiner natürlichen Richtung.

Nun prüfe die Lage der Satteldecke. Sie muß völlig glatt liegen und vorn etwas in die

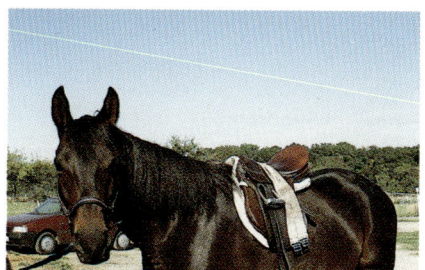

So liegt der Sattel richtig

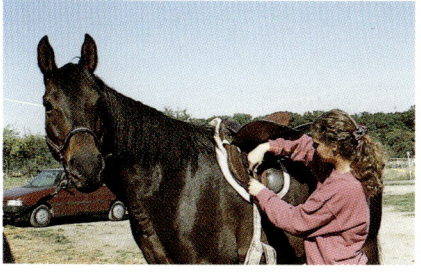

... und zuerst mit der vorderen ...

Der Sattelgurt wird unter dem Pferdebauch durchgeführt ...

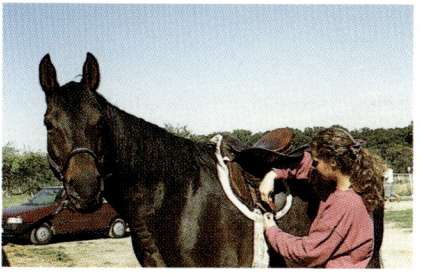

... dann mit der hinteren Gurtstrippe behutsam verschnallt

31

Sattelkammer hineingedrückt werden. Kontrolliere die Sattellage auch auf der rechten Seite des Pferdes, und zieh hier ebenfalls die Sattelunterlage zurecht.

Dann kannst du den Sattelgurt herunterholen – aber bitte so, daß die Schnalle dem Pferd nicht gegen die Beine schlägt. Zieh ihn von links unter dem Pferdebauch durch, und schnalle ihn locker an. Manche Pferde blähen sich regelrecht auf, wenn sie gesattelt werden. Deshalb sollte der Gurt erst unmittelbar vor dem Aufsitzen richtig straff gezogen werden, aber dennoch mit Gefühl. Vor allem jungen Pferden kann das Satteln völlig verleidet werden, wenn man zu gefühllos vorgeht. Aber auch ein älteres Pferd wird auf das ruckartige Strammziehen des Sattelgurtes sauer reagieren. Was es dabei empfindet, kannst du in etwa nachvollziehen, wenn du einen Gürtel um deine Taille mit einem Ruck ganz eng ziehst.

Auftrensen erfordert Geschicklichkeit

So wird der Trensenzaum mit Reithalfter angelegt: Nimm das Zaumzeug in die linke Hand, und stell dich wieder an die linke Seite des Pferdes. Streife das Zügelende mit der Rechten über den Kopf des Pferdes.

Nun nimm das Stallhalter ab; hänge es so beiseite, daß niemand darauftreten kann, oder lege es dem Pferd vorerst noch um den Hals. Halte den Zaum über dem Nasenrücken des Pferdes, führe deine rechte Hand unter seinem Kinn durch, und fasse das Lederzeug von rechts.

Das Zäumen

Zuerst legt man die Zügel auf den Pferdehals und greift mit dem rechten Arm um den Pferdekopf herum

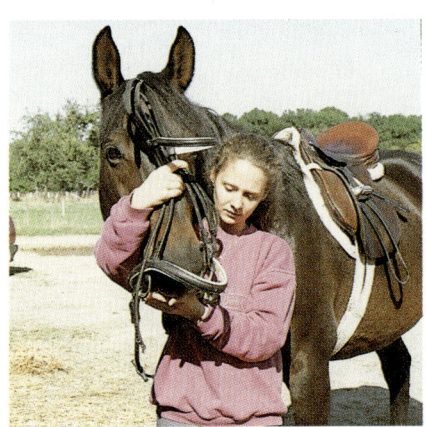

Die rechte Hand hält das Zaumzeug, die linke schiebt das Trensengebiß in das Maul des Pferdes

Dann wird das Kopfstück samt dem Reithalfter mit beiden Händen über den Kopf gezogen

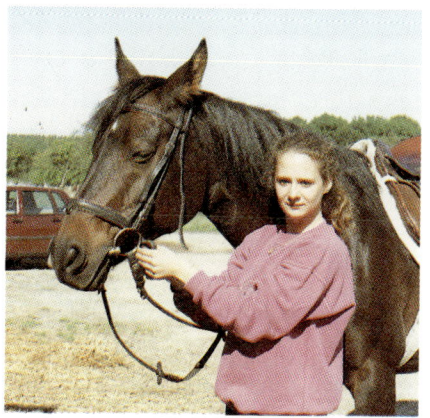

Den Nasenriemen des Reithalfters führt man unter den Trensenringen hindurch und verschnallt ihn am Kinn

Die Genickstücke des Kopfstücks und des Halfters liegen hinter den Ohren, der Stirnriemen davor

Der Kehlriemen wird geschlossen

Die Schopfhaare werden unter dem Stirnriemen hervorgezogen und darübergelegt

Er wird so verschnallt, daß zwischen Kehlriemen und Pferdekopf eine Faust Platz hat

Jetzt soll das Gebiß ins Pferdemaul. Wenn es eiskalt ist, solltest du es in der Hand anwärmen. Drücke das Gebißstück dann sanft mit der flachen linken Hand gegen das Pferdemaul. Macht das Pferd das Maul nicht auf, so steckst du einen Finger in den zahnlosen Kieferbereich, dorthin, wo auch das Trensengebiß gleich liegen soll. Fast jedes Pferd öffnet dann das Maul weit genug, daß man das Mundstück hineinschieben kann. Schiebe niemals deine Hand oder einen Finger an einer anderen Stelle ins Pferdemaul! Das Pferd könnte sie für etwas Eßbares halten und ahnungslos zubeißen.

Wenn das Gebiß auf dem zahnfreien Kieferbereich, den Laden, ruht, ziehst du das Genickstück bis zu den Pferdeohren hoch. Hebe das Genickstück über die Ohren, schiebe den Stirnriemen zurecht, und zieh den Mähnenschopf darunter vor. Danach machst du den Kehlriemen so zu, daß du noch eine flache Faust durchschieben kannst. Leider sieht man viele Pferde mit viel zu eng geschnalltem Kehlriemen; dadurch werden die armen Tiere in ihrer Kopffreiheit und -beweglichkeit gestört. Der Nasenriemen des Reithalfters wird so geschlossen, daß noch zwei Finger zwischen ihm und dem Nasenrücken Platz haben.

Achte darauf, daß alle Teile flach am Pferdekopf liegen und nirgends reiben oder drücken können. Auch vom Zaumzeug kann es Scheuerstellen geben, wenn es falsch verpaßt wird. Besonders gefährdet sind die Augen.

Auch Führen will geübt sein

Zum Führen des Pferdes solltest du die Zügel vom Hals nehmen. Nimm sie in die rechte Hand nahe dem Pferdemaul. Steck den Zeige- und den Mittelfinger zwischen die Zügel, damit die Trensenringe nicht aufs Pferdemaul drücken und das Pferd deshalb widerspenstig wird. Das Zügelende hältst du mit der linken Hand fest. Um sie frei zu haben – beispielsweise zum Öffnen eines Gatters – kannst du das Zügelende in die Führhand legen. Halte die Zügel sicher, aber nicht krampfhaft fest.

Ein aufmunterndes Wort zum Pferd, dann geh einfach vorwärts. Zieh das Pferd aber nicht hinter dir her, sondern führe es mit festem Schritt rechts neben dir.

Einem Pferd, das sich sträubt, sollte weder von dir noch von einem Helfer aufs Hinterteil geklopft werden, damit es losgeht. Es könnte wirklich losgehen wie eine Rakete, dich mitschleifen oder treten! Rucke lieber einmal kurz mit der Rechten an den Zügeln, falls du eine „Schlafmütze" neben dir hast, und mach sie mit ein paar energischen Worten „wach". Ein drängelndes Pferd kannst du bremsen, indem du die linke Hand gegen seinen Nasenrücken hältst und ebenfalls, notfalls wiederholt, an den Zügeln ruckst. Versuche gleichzeitig, es mit deiner Stimme zu beruhigen. Zieh nicht mit aller Kraft, das Pferd würde nur dagegenziehen und eventuell plötzlich steigen, um dem schmerzhaften Druck des Gebisses zu entgehen. Und noch eins: Lehne es ab, ein Pferd zu führen, wenn du fürchtest, daß du dabei in Bedrängnis kommen könntest!

Aufgetrenst nicht fressen lassen

Besonders Pferde, die überwiegend im Stall stehen, „naschen" bei jeder Gelegenheit alles erreichbare Grünfutter, Gras ebenso wie Laub von Bäumen. Da ein Pferd mit einem Trensengebiß im Maul Futter aber nicht richtig zermahlen kann, besteht, vor allem bei größeren Mengen, die Gefahr einer Kolik. Das sind Magen- und Bauchkrämpfe aufgrund von Verstopfungen, die für das Pferd lebensgefährlich sein können. Außerdem tritt ein Pferd beim Grasen leicht in die Zügel und kann sich dadurch eine böse Verletzung am Unterkiefer einhandeln.

Halte ein aufgetrenstes Pferd deshalb beim Führen energisch davon ab, sich über Gras – wie auch Heu, Hafer oder Pellets – herzumachen, und gib ihm keine Möhren und Äpfel.

Wenn mehrere Pferde hinter- oder nebeneinander geführt

So wird ein Pferd am Zaumzeug geführt: Zügel vom Hals, rechte Hand nahe am Pferdemaul (Mittel- und Zeigefinger zwischen beiden Zügeln), die linke Hand hält das Zügelende

werden, muß ein Sicherheitsabstand eingehalten werden: nach hinten mindestens eine Pferdelänge, seitlich mindestens doppelte Armlänge. So hat man genügend „Spielraum", falls Unruhe entstehen sollte.

Wende dein Pferd nach rechts ab, wenn du umdrehen willst. So kann es dir nicht auf den Fuß treten, und du behältst es besser unter Kontrolle.

Man darf Pferde niemals an den Zügeln anbinden! Schon durch einen einzigen kräftigen Ruck des Pferdes können sie zerreißen, und das Pferd ist „frei". Ursache muß nicht unbedingt ein äußeres Ereignis sein. Es ist auch möglich, daß das Gebiß durch das Anbinden in eine falsche Lage kommt und das Pferd sich von dem unangenehmen Zustand befreien will. Lösen sich die Zügel nicht, kann das Pferd in Panik geraten, steigen oder stürzen und dabei sich und andere verletzen.

 ## Stallhalfter nicht nur für den Stall

Geeignet zum Anbinden und Führen sind sogenannte *Stallhalfter*. Man nennt sie daher auch *Führ-* und *Anbindehalfter*. Pferde tragen sie nicht nur in der Box, sondern oft auch auf der Weide. Wenn du ein Pferd von der Koppel holen willst, tust du dich leichter, wenn du das Halfter nicht erst überstreifen mußt. Zum Führen wird am Nasen-Kinn-Riemen des Stallhalfters ein Strick, eine Kette oder ein Lederriemen befestigt. Spezielle Führseile sind mit einem sogenannten *Panikhaken* versehen. Dieser läßt sich mit einem kurzen Schub des Daumens öffnen. Bringt man ein Pferd in den Stall, auf die Weide oder in einen Transporter, so kann man den Strick schnell vom Halfter lösen. Wenn das Pferd am Strick zieht, öffnet sich der Haken nicht. Achte aber darauf, daß der Panikhaken nicht ausgeleiert ist, weil er dann nicht mehr richtig schließt.

Führe ein Pferd nie direkt am Halfter, sondern stets am Führseil! Erschrickt es und wirft den Kopf hoch oder steigt, könntest du mitgerissen werden oder das Pferd aus der Hand verlieren. Und merke dir ebenfalls ganz besonders, niemals den Strick um die Hand oder um einen Finger wickeln! Du könntest sonst schwere Verletzungen davontragen, wenn das Pferd plötzlich ausreißen will.

Pferde darf man nur an einer stabilen „Basis" anbinden, zum Beispiel an eigens dafür vorgesehenen Ringen, die in eine

Zum Führen am Halfter sollte man immer einen Führstrick verwenden

Wand eingelassen sind, oder an einem fest verankerten Anbindegeländer. Der Strick darf nicht so lang gelassen werden, daß das Pferd darauftreten und sich darin verfangen kann. Zu kurz angebundene Pferde beginnen dagegen leicht, zu zerren und sich aufzuregen.

Es gibt eine ganze Reihe von Knoten, die du schnell lösen kannst, indem du am Ende des Stricks ziehst. Spannt das Pferd den Strick in seine Richtung, wird er weder festgezogen noch gelöst. Allerdings gibt es Schlaumeier unter den Pferden, die rasch lernen, am „richtigen" Ende zu knabbern und

sich selbst zu befreien. Bei ihnen muß man festere Knoten binden oder eine Kette mit Haken an beiden Enden verwenden.

Auf der Stallgasse bindet man Pferde manchmal, zum Beispiel zum Putzen oder für eine tierärztliche Behandlung, beidseitig an. Man kommt so besser um sie herum, und es gibt an den Boxen keine Rangeleien zwischen den Pferden drinnen und draußen. Allerdings nimmt man ihnen damit die Möglichkeit, sich umzuschauen und hin und her zu treten. Dadurch erschrecken sie leichter.

37

Beim Reiten an der Longe kann man die Zügel weglassen. Es werden nur Ausbinder verschnallt. Longe und Longierpeitsche ersetzen die Zügel

Dein erstes Training an der Longe

Die Suche nach dem Gleichgewicht

Inzwischen hast du dich für den ersten Reitunterricht angemeldet – eine „Longenstunde". Sie dauert meist nur 30 Minuten, damit weder der Reitneuling noch das Pferd überfordert werden. Für eine anschließende Longenstunde mit einem anderen Schüler muß ein anderes Pferd genommen werden! Vielleicht hast du schon bei einem solchen Unterricht zugesehen. Der Reitschüler setzt sich in den Sattel, aber er nimmt die Zügel nicht in die Hände. Sie sind verknotet oder ganz abgemacht. Statt dessen schnallt der Reitlehrer eine Longe – eine lange Gurtleine – in das Zaumzeug des Pferdes, das meist auch Ausbinder trägt. Er rollt die Longe aus und stellt sich in die Mitte der Reitbahn. Er wird das Pferd nun longieren, das heißt, es mit

Hilfe seiner Stimme, der Bahnpeitsche und der Longe in einem großen Kreis um sich herum lenken.

Das Longieren – man sagt auch: die Arbeit an der Longe – eignet sich übrigens nicht nur für den Anfängerunterricht. Man bildet auch junge Pferde an der Longe aus oder longiert zum Beispiel ein älteres Pferd, damit es nach einer Krankheit wieder Kondition bekommt.

Ist ja ganz interessant, sagst du vielleicht, aber Longieren beim Reiten ist doch eigentlich umständlich! Wäre es nicht viel einfacher, den Reiter gleich selber das Pferd lenken zu lassen? Gerade das wäre es eben nicht! Denn als völliger Reitanfänger bist du noch gar nicht in der Lage, richtig auf dein Pferd einzuwirken. Du würdest ihm ständig in den Rücken fallen und dich an den Zügeln „festhalten". Das Pferd würde sich wahrscheinlich vor Schmerzen verspannen, mit dem Kopf schlagen, weglaufen oder gar bocken. Und du würdest dich noch krampfhafter festklammern und das Pferd im Maul reißen – ein Teufelskreis, zu deinem Nachteil und zum Schaden des Pferdes! Leider sieht man solche Bilder immer noch in manchen Reitschulen. Wird dein Pferd jedoch longiert, dann kannst du dich völlig auf den Kern des Reitens konzentrieren: die Balance. Sich auszubalancieren, im Gleichgewicht zu sein, bedeutet, daß der Reiter sich jeder Bewegung des Pferdes geschmeidig anpassen und dadurch jederzeit auf es einwirken kann.

Die Grundgangarten

In der deutschen Reitweise lernst du das Reiten in den Gangarten Schritt, Trab und Galopp, den sogenannten Grundgangarten. Andere Gangarten wie Paß und Tölt erfordern einen anderen Reitstil.

Jede Gangart hat ihre bestimmte *Fußfolge:*

Den *Schritt* beginnt ein Pferd, indem es mit einem Hinterbein abfußt, dann mit dem Vorderbein der gleichen Seite, darauf mit dem anderen Hinterbein, zum Schluß mit dem anderen Vorderbein. Er ist also eine fließende Gangart: Zwei Beine sind stets am Boden, das dritte höchstens knapp darüber, während das vierte vorschwingt.

Beim *Trab* fußt das Pferd immer mit zwei Beinen gleichzeitig ab, und zwar jeweils mit einem diagonalen Beinpaar: linkes Hinterbein und rechtes Vorderbein, rechtes Hinterbein und linkes Vorderbein.

Zwischen dem Ab- und Auffußen kann eine kurze Schwebephase eintreten, bei der das Pferd alle vier Beine über dem Boden hat.

Im *Galopp* fußt das Pferd zuerst mit einem Hinterbein, dann mit dem Vorderbein der gleichen Seite und dem anderen Hinterbein gleichzeitig und zuletzt mit dem anderen Vorderbein ab. Beim Galopp liegt zwischen zwei Fußfolgen immer eine Schwebephase, in der kein Bein den Boden berührt. Durch die jeweilige Fußfolge entsteht ein bestimmter *Takt:* Man zählt, wie oft das Aufsetzen der Beine zu hören ist, bis eine Fußfolge abgeschlossen ist. So ist der Schritt ein Viertakt, der Trab ein Zweitakt und der Galopp ein Dreitakt. Zähl doch mal mit!

Bleib locker!

Wahrscheinlich hilft man dir beim ersten Mal in den Sattel. Setz dich aufrecht, aber locker in seine Mitte, und schau geradeaus. Versuche, mit deinem Gesäß die tiefste Stelle zu erreichen. Wenn du denkst, daß du richtig sitzt, nimmst du die Steigbügel auf. Das heißt, du schiebst deine Füße so hinein, daß deine Ballen aufliegen. Es ist nicht schlimm, wenn du erst mit den Zehenspitzen danach suchen mußt! Laß die Arme locker an den Seiten herabhängen, oder leg die Hände auf die Oberschenkel, je nachdem, was dein Ausbilder dir empfiehlt.

Solange das Pferd steht, wirst du keine Probleme haben. Nun aber gibt der Reitlehrer ein

Wenn man noch unsicher ist, kann man sich auch im Schritt im Sattelbogen festhalten ...

Kommando, und das Pferd setzt sich in Marsch. Schon im Schritt spürst du die Bewegungen seines Körpers. Du wirst leicht geschaukelt und merkst, daß es gar nicht so einfach ist, ruhig sitzen zu bleiben. Wenn du nach vorn oder nach hinten überfällst, richte dich gleich wieder auf, denn so kannst du das Auf und Ab, das Hin und Her des Pferdekörpers am besten ausgleichen.

... und natürlich erst recht im Trab!

Sobald das Pferd trabt, wirst du wahrscheinlich erst einmal ordentlich durchgeschüttelt und „geworfen". Faß in den Sattelbogen vor dir, und zieh dich aufrecht – immer wieder. Versuche, dich fest auf deine Gesäßknochen zu setzen! Wenn deine Beine hochrutschen wollen, schiebe die Knie und die Knöchel am Pferdeleib nach unten, als ob du den Boden erreichen wolltest. So kommst du wieder tiefer in den Sattel, und dein Gesäß bekommt „Gewicht". Wenn du merkst, daß du dich verkrampfst, dann versuche, dich wieder locker zu machen: im Bauch, in den Schultern und Beinen – und im Kopf. Dann geht alles bald viel besser!

Später gelingt es auch im Trab, mit locker herabhängenden Armen zu sitzen

 ## Alle Reiter fangen gleich an

Die meisten Reiter haben einmal so angefangen! Und nach einer Weile gibt es auch eine kurze Verschnaufpause: Der Reitlehrer hält das Pferd an und schnallt die Longe um. Wahrscheinlich fragt er dich, wie du dich fühlst. Sag ruhig, daß es dir ein wenig mulmig ist – aber daß du weitermachen möchtest.

Das Pferd geht nun in die andere Richtung, und du merkst, daß selbst das eine kleine Umstellung erfordert. Wieder geht es erst im Schritt, dann im Trab vorwärts. Allmählich kommst du ins Schwitzen, dein Po tut dir weh, und du hast das Gefühl, O-Beine zu haben. Aber gleichzeitig hat dich etwas vom Rhythmus des Pferdes erfaßt, schwingt fast unmerklich in dir mit. Du ahnst, wie Reiten sein kann… Und dieses unbestimmte, aber beglückende Gefühl wird dich veranlassen wiederzukommen – obwohl du am nächsten Morgen mit einem mächtigen Muskelkater im Rücken und in den Beinen aufwachst und vielleicht sogar dein „Sitzfleisch" wundgescheuert ist. Das Rezept: duschen, cremen, ausheilen lassen – und bald wieder aufs Pferd!

Fit durch Gymnastik

Muskelkater kannst du schneller loswerden, wenn du schwimmen gehst. Schwimmen eignet sich überhaupt gut als Ausgleich wie als Vorbereitung zum Reiten. Verkrampfte Muskeln und Sehnen werden dabei gelockert und gleichzeitig gekräftigt. Wenn du es regelmäßig betreibst, wirst du dich beim Reiten weniger verspannen und nicht so schnell ermüden. Je elastischer du bist, um so besser kannst du sitzen, und um so feiner kannst du später auch auf dein Pferd einwirken.

Auch Gymnastik hilft dir, daß Wirbelsäule, Gelenke und Muskulatur geschmeidig werden und bleiben. Bodengymnastik läßt sich zu fast jeder Zeit und fast überall machen, allein oder zusammen mit anderen. Als Anregung eine kleine Auswahl einfacher Dehn- und Lockerungsübungen:

1. Gerade hinstellen, Beine leicht gegrätscht. Hände im Nacken verschränken, Oberkörper abwechselnd nach links und rechts drehen, dabei in den Knien mitgehen.
2. Hände auf die Hüften legen oder Arme waagrecht zur Seite strecken. Abwechselnd linkes und rechtes Knie hochschwingen.
3. Arme hochstrecken. Oberkörper abwechselnd nach links und rechts drehen, über die Schulter zur jeweiligen Ferse schauen.
4. Oberkörper abwechselnd nach links und rechts beugen, Arm über den Kopf mitschwingen.
5. Oberkörper seitwärts beugen und dabei Arm kräftig nach unten strecken.
6. Hände auf die Hüften stützen. Abwechselnd ein Bein zur Seite strecken, Fuß im Uhrzeigersinn kreisen lassen.
7. Beine grätschen. Abwechselnd die rechte Fußspitze mit der linken Hand, die linke Fußspitze mit der rechten Hand antippen.
8. Aufrecht hinsetzen. Fußspitzen kräftig aufwärts ziehen, einige Sekunden so halten, lockerlassen. Dann dasselbe mit den Fersen.

Oberkörper mit ausgestreckten Armen abwechselnd nach links und rechts drehen (Abb. links)

Vorsichtiges Zurücklegen im Sattel (Abb. rechts)

Drehen des Oberkörpers mit hinter dem Kopf verschränkten Armen (Abb. links)

Langsam im Sattel aufstehen ... (Abb. rechts)

... und sich wieder hinsetzen (Abb. rechts)

Rechte Hand zur linken Fußspitze und umgekehrt (Abb. links)

9. Gerade hinstellen. Bauch- und Pomuskeln kräftig anspannen, einige Sekunden halten, loslassen.

10. Auf den Boden setzen. Knie dicht an den Körper heranziehen, Unterschenkel eng umfassen, Kopf auf die Knie legen. Oberkörper rückwärts-aufwärts richten, aber Beine nicht loslassen.

Einige dieser Übungen und ein paar weitere kann man auch auf dem Pferd ausführen, um das Gleichgewichtsgefühl zu fördern.

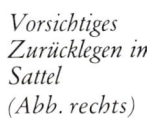

43

Allerdings braucht man dazu ein ruhiges Pferd und jemanden, der es hält oder longiert. Mach keine Gymnastikversuche auf einem angebundenen oder nicht beaufsichtigten Pferd – das könnte für dich und das Pferd gefährlich werden!

Vom Angsthaben

Vielleicht verbringst du die Nacht vor deiner nächsten Longenstunde ziemlich unruhig: Du hast Angst! Trotzdem zieht es dich wie magisch zur Reitschule – und wenn du im Sattel sitzt, sind deine Ängste plötzlich verflogen.

Laß dir zum Trost sagen: Den meisten Anfängern ergeht es so, und selbst Erwachsene, die schon längere Zeit reiten und eigene Pferde haben, werden unsicher; zum Beispiel, wenn sie etwas Neues, Ungewohntes mit ihrem Pferd unternehmen wollen oder sich mit einem unbekannten Pferd erst vertraut machen müssen.

Versteck deine Angst nicht, egal ob sie nun einen realen Grund hat oder nicht. Angst zu haben ist eine Schutzreaktion, auch vor eventuell kommenden Ereignissen, und kein „Charaktermangel". Steigere dich aber auch nicht zu sehr in deine Vorängste hinein. Sag es dem Reitlehrer, wenn du zum Beispiel Angst vor dem ersten Galopp hast. Er wird dir helfen, die Furcht zu überwinden. Sollte er dich jedoch verständnislos auslachen, dann wäre wohl ein Wechsel der Reitschule angebracht!

Falsch wäre allerdings auch, wenn du dir einreden wolltest, daß Reiten und der Umgang mit Pferden völlig harmlos sei. Mach dir klar, daß es bestimmte Gefahren gibt – und daß du selbst viel dazu beitragen kannst, sie durch umsichtiges Verhalten einzudämmen. Dazu gehört auch die Bereitschaft, Reiten von Grund auf zu erlernen, auch wenn das anfangs mehr Mühe als Spaß macht.

Wußtest du, daß ...

... auch Pferde eine Grundausbildung brauchen, damit man sie später reiten kann? Als erstes muß man ein junges Pferd behutsam an das Zaumzeug, dann an den Sattel und an den Reiter gewöhnen. Es lernt, an der Longe zu laufen und sich im Gleichgewicht zu halten, auch mit dem zusätzlichen reiterlichen Gewicht. Erst wenn es in allen geforderten Gangarten sicher vorwärts geht, geht auch die Schulung weiter.

Richtig aufsitzen, richtig sitzen

Einzelstunden – auch zu mehreren

Nun hast du bereits mehrere Longenstunden hinter dir, und die erste sogenannte „Einzelstunde" ist angesagt. In einigen Reitschulen wird dieser Begriff wörtlich ausgelegt, und du bist – wie an der Longe – wirklich der/die einzige Reitschüler/in. Der Ausbilder kann sich voll auf dich konzentrieren. Meist werden allerdings zwei bis vier Anfänger gemeinsam unterrichtet.

Vielleicht hast du in der letzten Longenstunde bereits die Zügel in die Hände nehmen dürfen. Mit selbständiger Zügelführung hatte das allerdings

noch nichts zu tun. Nun aber steht dir das freie Reiten bevor. Du sollst das, was du bereits an Balance geübt hast, durch einen korrekten Sitz vervollständigen und lernen, wie du dein Pferd mit sogenannten „Hilfen" selber lenkst.

Die Vorbereitungen sind dir wahrscheinlich bereits vertraut – das Putzen, das Satteln und Zäumen. Spätestens jetzt führst du dein Pferd auch selbst zum Reitplatz. Laß es nicht schläfrig neben dir herschlurfen, sonst hast du auch beim Reiten womöglich einen trägen, uninteressierten vierbeinigen Partner. Mach das Pferd durch ein aufmunterndes Wort aufmerksam, wenn du los-

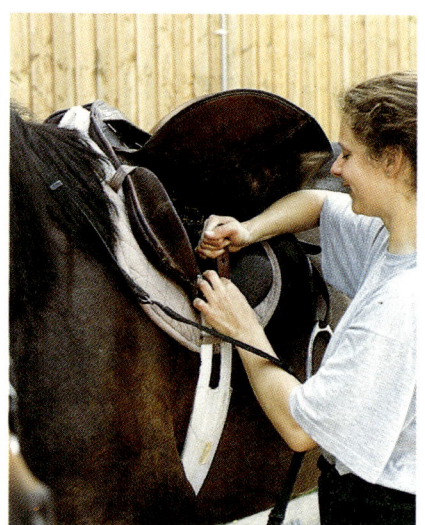

geht das so vor sich: Sobald das Pferd ruhig steht, streifst du die Zügel über seinen Kopf, so daß sie auf dem Widerrist aufliegen. Stell dich an die linke Seite des Pferdes, und steck deinen linken Arm durch den Zügel. So kann es dir nicht weglaufen.

Zum Einstellen zieht man die Schnalle unter dem Deckblatt hervor und verschnallt sie neu

gehst, und führe es zielstrebig dorthin, wo du aufsitzen wirst. Aufgesessen wird meist in der Mitte der Bahn. Doch bevor du dich in den Sattel schwingst, gibt es vom Boden aus noch einiges zu tun. Präge dir drei Dinge so fest ein, daß du sie mit der Zeit ganz automatisch machst: erstens Zügel auf den Hals legen, zweitens Sattelgurt festziehen, drittens Steigbügelriemen einstellen. Im einzelnen

Stets die Schnalle wieder hochziehen! Sie reibt sonst am Bein des Reiters

Ein ausgesprochener „Zappelphilipp" sollte zusätzlich von einem Helfer gehalten werden. Nun ziehst du den Sattelgurt so fest – und so gefühlvoll – wie möglich an.

Miß jetzt die Länge des linken Steigbügelriemens. Dazu ziehst du zuerst den Bügel herunter, dann streckst du einen Arm so aus, daß der Mittelfinger oben am Riemenverschluß liegt. Mit der anderen Hand legst du den Steigbügel mit gestrecktem Riemen unter die Armbeuge. Der Riemen hat die richtige Länge, wenn die Bügelsohle an der Achsel anliegt. Reicht sie weiter oder weniger weit, mußt du den Riemen entsprechend verstellen. Danach machst du das gleiche mit dem rechten Steigbügelriemen.

Aufs Pferd mit Schwung

Zum *Aufsitzen* faßt du die Zügel vor dem Sattel mit der linken Hand zusammen. Stelle dich auf der linken Seite mit dem Rücken zum Pferdekopf, und drehe den Steigbügel zu dir. Faß mit der linken Hand auf die Mähne des Pferdes oder in den Sattelbogen. Dann schiebst du deinen linken Fuß bis zum Ballen in den Steigbügel, notfalls mit Hilfe der ande-

Das Aufsitzen

Die linke Hand faßt die Zügel und den Sattelbogen

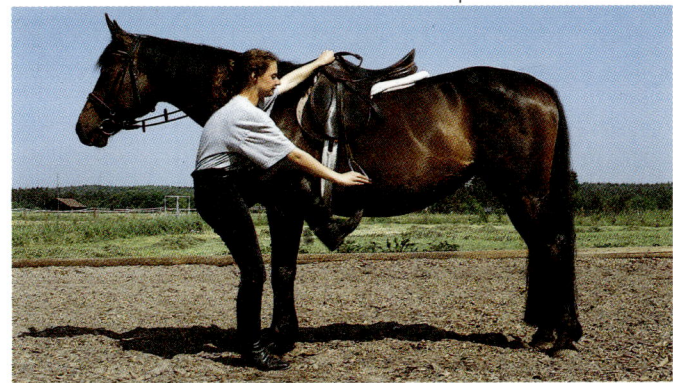

Linken Fuß in den linken Steigbügel ...

... und das rechte Bein über die Kruppe des Pferdes schwingen. Der Fuß sollte die Kruppe nicht berühren!

47

Hände auf dem Pferdehals aufstützen ...

... und weich in den Sattel gleiten

Wenn man sich zurechtgesetzt hat, nimmt man die Zügel auf

ren Hand. Greife mit der rechten Hand an den Hinterzwiesel des Sattels; dabei dreht sich dein Körper gegen die Seite des Pferdes. Bist du nah genug dran? Wenn nicht, mußt du mit dem rechten Bein „nachhüpfen". Jetzt stoß dich kräftig mit ihm ab, und zieh dich gleichzeitig mit den Armen hoch. Wenn du ein paarmal federst, gelingt es dir leichter. Lehn dich mit dem Oberkörper etwas vor, und schwinge das rechte Bein über den Sattel. Gleichzeitig schiebst du die rechte Hand nach vorn. Setz dich in den Sattel, und schlüpf in den rechten Steigbügel – fertig fürs erste! Auf drei Dinge solltest du bei der ganzen Aktion besonders achten: 1. Bohre dem Pferd nicht deine Schuhspitze in den Bauch, 2. Streife nicht mit deinem Fuß seine Kruppe, und 3. Plumps nicht wie ein Mehlsack in den Sattel, sondern gleite weich hinein. Du tust deinem Pferd damit einen großen Gefallen! Wenn die Bügel doch noch nicht passend lang sind, mußt du sie jetzt nochmals verstellen. Falls du dir nicht sicher bist, ob die Länge paßt, schlüpf aus den Bügeln. Deine Fußknöchel sollten nun in gleicher Höhe mit der Trittfläche der Bügel sein. Steck die Füße wieder in die Steigbügel zurück, und verschnalle die Riemen gegebenenfalls neu. Zieh die Schnalle wieder ganz hoch unter das Deckblatt – du scheuerst dich sonst sehr schnell daran wund!

Linke Seite bevorzugt

Weißt du übrigens, warum man beim Reiten immer von links aufsitzt? Im Grunde könnte man doch genausogut von rechts in den Sattel steigen und von rechts satteln. Manche Reiter machen das auch. Aber das Linksaufsteigen ist eine alte Gewohnheit. Wie vieles in der Reiterei stammt sie aus der Zeit der Kavallerie, der berittenen Soldaten. Sie trugen zu Paraden und im Kampf an ihrer linken Seite den Säbel, der schräg nach hinten ragte. Deshalb konnten sie nur von links aufsitzen, weil sonst der Säbel im Weg gewesen wäre.

Das *Absitzen* ist einfach. Nimm die Zügel in die linke Hand und den rechten Fuß aus dem Steigbügel. Mit dem linken Fuß stützt du dich noch im Steigbügel ab, mit den Händen auf dem Vorderzwiesel oder auf dem Mähnenkamm. Dann schwingst du das rechte Bein über die Kruppe zur linken Seite und greifst mit der rechten Hand abstützend auf den

Das Absitzen

Zum Absitzen nimmt man die Zügel wieder in die linke Hand und stützt sich auf dem Mähnenkamm ab

Rechtes Bein aus dem Steigbügel nehmen und hoch über die Kruppe nach links schwingen

Die rechte Hand stützt sich auf dem Sattel ab. Dann nimmt man den linken Fuß aus dem Steigbügel

Jetzt gleitet man zu Boden und federt ein wenig in den Knien nach

49

Zum Abflanken schlüpft man gleich aus beiden Steigbügeln. Auch bei der Flanke dürfen die Füße nicht die Pferdekruppe berühren

hinteren Sattelrand. Dann schlüpfst du aus dem linken Steigbügel und läßt dich am Pferd heruntergleiten. „Sportliche" Reiter schlüpfen mit beiden Füßen gleichzeitig aus den Steigbügeln und flanken sich aus dem Sattel.

Der Sitz: Korrekt heißt nicht stocksteif!

Zwar wirst du längst noch nicht völlig ruhig im Sattel sitzen, wenn das Pferd vorwärts geht, doch über die gröbsten Anfangsschwierigkeiten bist du nun hinaus. Du verspannst dich nicht mehr so sehr, fühlst dich sicherer und brauchst den berüchtigten Wolf, also wund-

geriebene Stellen am Po, nicht mehr so zu fürchten.

Vom anfänglichen reinen Gleichgewichtstraining geht es nun weiter zum richtigen Sitzen. Als Sitz des Reiters bezeichnet man seine gesamte Position und Haltung auf dem Pferd. Nur wenn du richtig sitzt, kannst du deine Hilfen korrekt einsetzen, so daß das Pferd sie auch richtig versteht. Der Sitz soll „unabhängig" sein. Das heißt, daß der Reiter die Zügel nicht zum Festhalten benutzt und sich mit den Beinen nicht am Pferd festklammert. Nur im richtigen Sitz stimmt dein Schwerpunkt mit dem des Pferdes überein. Andernfalls kommst du aus dem Gleichgewicht, und auch dein Pferd kann die Balance verlieren. Richtig sitzen heißt vor allem auch: geschmeidig im Sattel mitgehen.

In der deutschen Reitweise beginnt man mit dem *Grundsitz.* Er hat auch andere Bezeichnungen, zum Beispiel Dressursitz, Schulsitz, Normalsitz, Belastungssitz, Vollsitz.

Und so sitzt du im Grundsitz „perfekt":

Dein Gesäß ruht entspannt und breit im tiefsten Punkt des Sattels. Der Oberkörper ist in beiden Hüften gerade aufgerichtet, aber nicht steif. So wird sein Gewicht zur Hauptsache von den Gesäßknochen, zum geringeren Teil vom Schambein getragen. Du ziehst weder die Schultern hoch, noch machst du ein Hohlkreuz. Schau nicht auf den Hals deines Pferdes, sondern gerade zwischen seinen Ohren nach vorne. Schließlich mußt du ja sehen, wo es „langgeht". Laß die Oberarme locker nach unten hängen, und winkle die Unterarme so an, daß sie fast waagrecht nach vorn-innen zeigen. Die Ellbogen solltest du weder an den Körper pressen noch von ihm wegstrecken, sondern locker anliegen lassen.

Die Beine sind im Kniegelenk leicht angewinkelt, die Oberschenkel, die Knie und die Unterschenkel liegen so am Pferdekörper an, daß nirgends Licht durchschimmert. So hast du einen guten „Knieschluß". Mit „hohlen" Knien kannst du nicht sicher sitzen. Ebensowenig sollst du deine Knie gegen den Sattel „klemmen"! Drücke

Der korrekte Grundsitz auf dem stehenden Pferd. Allerdings sollte man nie ohne Kappe reiten!

Korrekter Grundsitz

Der Grundsitz

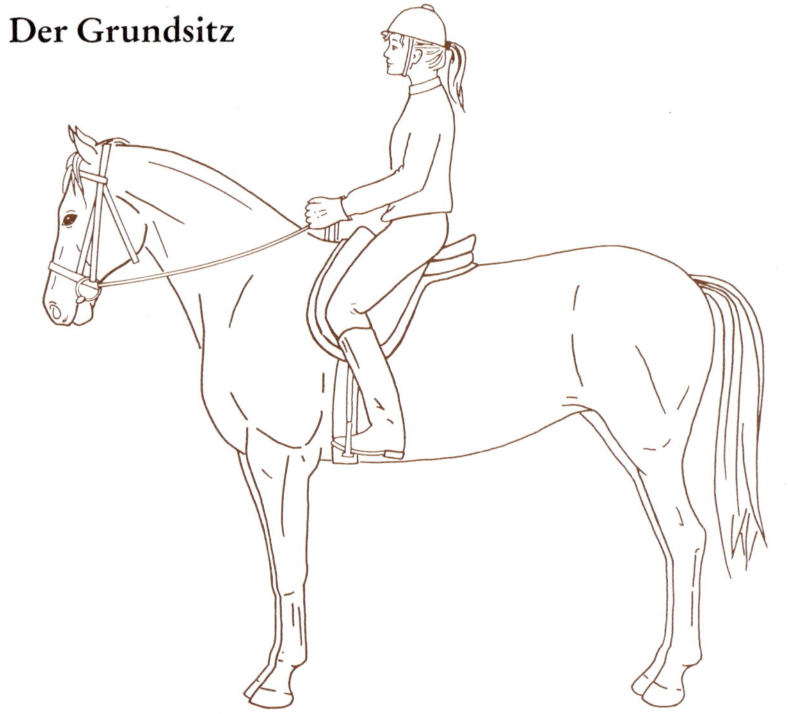

Falsch: Stuhlsitz

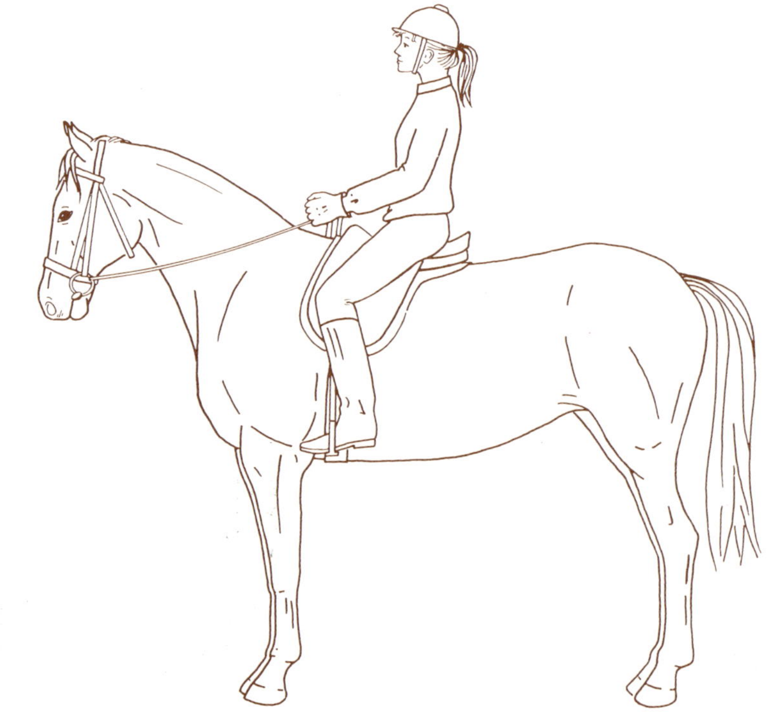

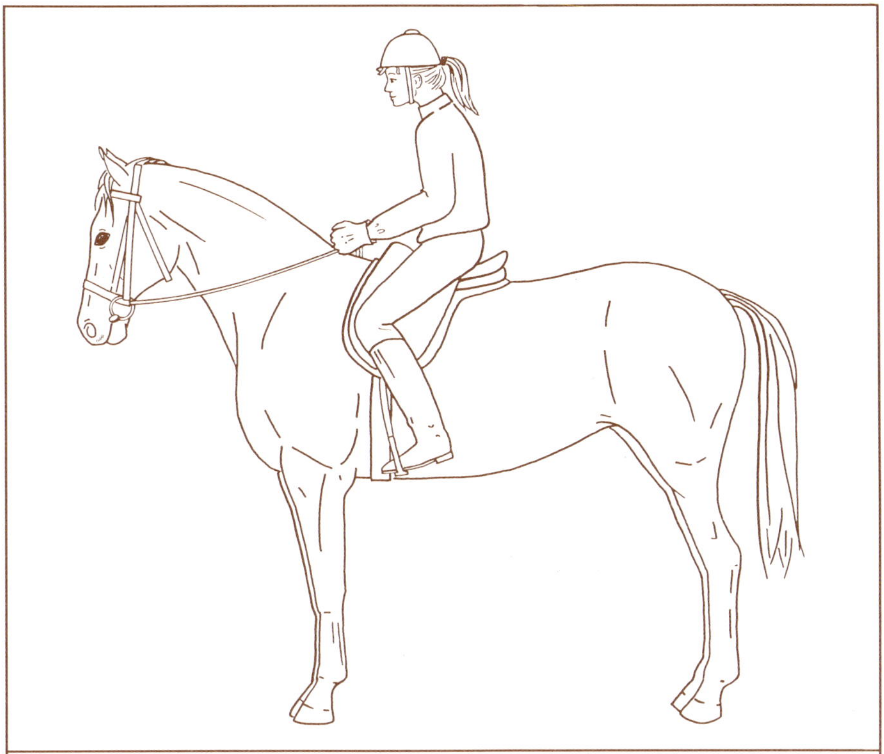

Falsch: Krummer Rücken und hochgezogene Beine

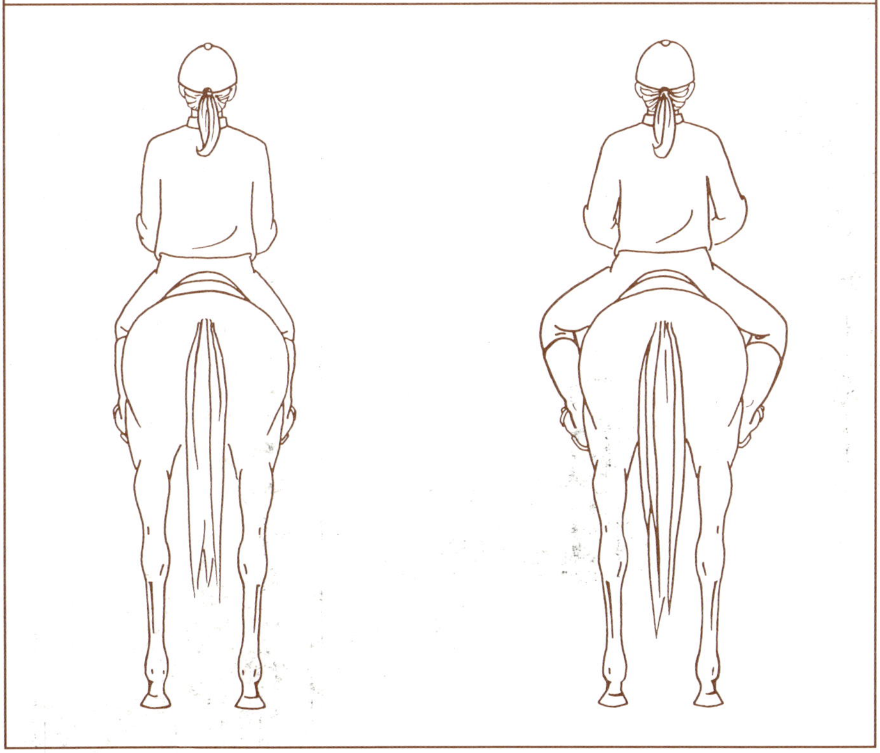

Korrekter Sitz von hinten (Abb. links)

Falsch: Offene Knie (Abb. rechts)

die Absätze etwas nach unten, sie sollten die tiefste Stelle deines Körpers sein. Versteife dich aber nicht in den Knöchelgelenken, sie müssen federn können. Die Zehenspitzen richtest du etwas nach innen, so daß sie zum Pferdemaul zeigen; so kannst du nirgends mit ihnen hängenbleiben. Außerdem bleiben durch diese Haltung Beine und Knie besser am Pferd.

Wenn du richtig sitzt, verläuft vom Ohr über den Ellbogen und die Hüfte eine gedachte schnurgerade Linie bis zum Absatz. Zum richtigen Sitz gehört immer die richtige *Zügelhaltung*. Beim Aufsitzen hältst du die Zügel noch in der linken Hand. Fasse sie nun links und rechts vom Widerrist mit beiden Händen. Sie sollen zwischen dem kleinen und dem Ringfinger in die Hand hinein- und zwischen Zeigefinger und Daumen wieder herauslaufen. Schließ jede Hand zu einer Faust, und leg den Daumen so darauf, daß er ein „Dächlein" bildet. Die Faust sollte aufrecht stehen, so daß der Daumenknöchel die höchste Stelle ist. Das verbleibende Zügelende läuft unter dem Zügel durch und hängt auf der rechten Seite herunter. Halte eine lockere Verbindung zum Pferdemaul – bis zum Anreiten dauert es nicht mehr lang!

Belastend – entlastend

Der Grundsitz der deutschen Reitweise ist ein sogenannter belastender Sitz. Das Gewicht des Reiters lastet voll auf dem Pferderücken. Nicht anders verhält es sich zum Beispiel beim Arbeitssitz berittener Hirten und in der Westernreitweise, wo meist mit fast gestreckten Beinen geritten wird. Rücken und Maul des Pferdes werden besonders stark belastet beim altenglischen „Sicherheitssitz", mit dem manche Jagd- und Sportreiter über schwierige Hindernisse im Gelände gehen. Der Reiter lehnt sich dabei mehr oder weniger stark zurück, preßt das Gesäß fest in den Sattel, streckt die Beine nach vorn und hält die Zügel straff. Im „Damen"-Sattel, der aus dem Mittelalter stammt, ist nur ein Seitwärtssitz möglich, auch dabei lastet das Gewicht der Reiterin voll auf dem Pferderücken.

Hebt der Reiter sein Gesäß zeitweise oder ständig aus dem Sattel, so spricht man von entlastendem Sitzen, vom leichten Sitz oder Leichtreiten. Der Rücken des Pferdes wird dabei „frei", also vom unmittelbar übertragenen Reitergewicht entlastet; das Pferd kann ihn entspannen und sich besser ausbalancieren. Der leichte Sitz wird, abgestuft, in verschiedenen Bereichen angewendet: bei der Ausbildung junger Pferde, beim Bahnspringen und im Gelände. Den extremsten Entlastungssitz kannst du bei den Galopprennreitern sehen, sie sind nur mit den Unterschenkeln am Pferd.

 ## Reiten ohne Steigbügel

Es ist nicht schwierig, auf dem stehenden Pferd die richtige Haltung einzunehmen. Kompliziert wird es, wenn das Pferd sich bewegt. Als Anfänger hast du mit dem richtigen Sitz immer wieder mal Probleme, egal, ob du gerade mit dem Reitenlernen begonnen hast oder schon eine Reihe von Unterrichtsstunden hinter dich gebracht hast. Um sattelfest zu werden, mußt du üben, üben, üben! Dazu nochmals ein paar Tips: Mach dich auf keinen Fall starr im Sattel, sondern schwinge in den Hüften mit, und halte die Hände ruhig. Die Schwingungen sollen vom Scheitel bis zur Sohle durchgehen und von deinen Knöcheln, den Knien und der Hüfte aufgefangen werden.

Suche niemals Halt an den Zügeln! Sobald du merkst, daß du mit deinem Sitzfleisch unruhig wirst, drängst du dich in den Sattel zurück und machst die Beine lang, ohne zu klammern. Besser ist es, kurzfristig etwas hinter der Senkrechten zu sein, als vornüberzufallen. Laß lieber kurz die Schultern fallen, statt dich zu versteifen!

Eine sehr gute Übung ist das Reiten mit übergeschlagenen Steigbügeln. So lernst du ganz hervorragend, „in" dein Pferd hineinzusitzen und deine Beine am Pferd zu halten.

Nimm so viele Longenstunden wie möglich, auch zwischen den Abteilungsstunden! So kannst du dich immer wieder ganz auf dein Gleichgewicht und den Sitz konzentrieren.

Empfehlenswert ist auch diese Trockenübung: Zwei Trainingspartner setzen sich auf Stühle einander gegenüber; der eine klemmt die Knie des andern zwischen seine eigenen. Nun versucht der Eingeklemmte, sich durch Druck nach außen zu befreien, der andere drückt kräftig dagegen. Nach zehn Druckversuchen wird abgewechselt. Diese Übung kann wesentlich zu einem besseren Knieschluß beitragen.

Das wichtigste aber ist und bleibt das Reittraining selbst. Natürlich auf möglichst gut ausgebildeten Pferden und bei einem verständnisvollen, sachkundigen Ausbilder. Und so häufig, wie es nur geht, damit dein Sitz bald „sitzt".

Gewußt wie: Sattel- und Zaumzeugpflege

Auch das beste Lederzeug bleibt nur dann schön und gebrauchs-fähig, wenn man es regelmäßig pflegt. Vielleicht fordert man dich in der Reitschule auf, bei der „Lederputze" zu helfen. Sie ist alle ein bis zwei Wochen fällig.

Du brauchst zwei Schwämme oder Lappen, ein Ledertuch, gute Sattelseife, eine feste, aber nicht zu harte Bürste und einen Eimer oder eine Schüssel mit lauwarmem Wasser. Zieh am besten ältere Kleider an!

Und so kannst du vorgehen:

Reinige zuerst mit der Bürste das Unterteil des Sattels und die Filz-decke, wenn du eine hast. Halte den Sattel dabei auf deinen Knien, damit das Leder nicht verkratzt wird. Lege ihn dann auf einen Stän-der. Mit dem einen feuchten – nicht patschnassen! – Lappen oder Schwamm entfernst du nun an den anderen Sattelteilen den gro-ben Schmutz. Seife danach mit dem zweiten angefeuchteten Schwamm alle Teile des Sattels – außer der Unterseite – ab (Aller-giegefahr für das Pferd). Beim Reithalfter samt den Zügeln wird ebenfalls nur die Oberseite des Leders abgeseift.

Das Gebiß müßte bereits sauber sein, es sollte ja nach jedem Reiten mit Wasser gereinigt werden. Gute Trensen sind aus rostfreiem Stahl und brauchen keine weitere Pflege, ebenso Gebisse mit einem Gummiüberzug oder aus Kunststoff. Eine rostige Trense gehört nicht ins Pferdemaul, sondern in den Abfall! Rost und Rostentfernungsmittel sind Gift für ein Pferd!

Wenn die Seife auf dem Lederzeug gut angetrocknet ist, kannst du noch mit dem feuchten, aber gut ausgedrückten Ledertuch dar-überwischen.

Etwa alle sechs bis acht Wochen machst du die Sache besonders gründlich. Schnalle dazu die Bügel vom Sattel ab und nimm das Reithalfter auseinander, um auch an die verdeckten Stellen zu kommen. Satteldecken und Gurte aus waschbarem Material kann man mit Feinwaschmittel waschen.

Risse oder aufgegangene Nähte müssen fachgerecht behoben wer-den, bevor man das Lederzeug wieder verwendet. Gerissene Rie-men haben schon schlimme Unfälle beim Reiten verursacht. Kon-trolliere deshalb das Lederzeug auch vor jedem Reiten, es dient dei-ner eigenen Sicherheit!

Die Sache mit den Hilfen

So sagst du's deinem Pferd!

An der Longe hast du dich nicht darum kümmern müssen, wie und wohin dein Pferd geht. Jetzt, wo du selbständig reitest, mußt du ihm selber klarmachen, was es tun soll. Mit der Stimme allein geht das allerdings nicht. Zwar können Pferde lernen, einzelne Wörter zu verstehen, vor allem, wenn sie mit ihnen in Zusammenhang stehen. Das ist dir wahrscheinlich schon beim Longieren aufgefallen. Einige Ausdrücke muß man etwas abändern, damit sie „pferdegerecht" sind. Zum Beispiel kommandiert der Reitlehrer dem Pferd den Schritt als „Schee-ritt"; wenn das Pferd antraben soll, sagt er „Teerab!" Das klingt lustig, ist aber notwendig, weil Pferde zweisilbige oder gedehnt gesprochene Wörter („Gaa-lopp", „Haaalt!") besser erkennen als einsilbige.

Als Reiter mußt du dich mit deinem Pferd so verständigen, daß es tut, was du möchtest: Du wählst die Gangart, die Wege und die Richtung (vorwärts, seitwärts, rückwärts) sowie das Tempo. Außerdem soll das Pferd in einer bestimmten Haltung gehen und jederzeit anhalten, wenn du das verlangst.

Um das zu erreichen, genügt

die Stimme nicht. Du mußt dem Pferd „stumme" Signale mit deinem Körper geben. Diese lautlose Körpersprache nennt man *natürliche Hilfen*. Sie können durch *künstliche Hilfsmittel* wie Gerte, Sporen und Zusatzzäume ergänzt werden. Die natürlichen Hilfen sind abgestimmt auf den Sitz und die Zügelhaltung und bilden mit ihnen zusammen die „Reitweise", die durch passende Sattelung und Zäumung ergänzt wird. Voraussetzung für jede wirksame reiterliche Hilfe sind also ein guter Sitz und die richtige Zügelhaltung, und zwar in allen Gangarten! Ebenso wichtig ist natürlich, daß das Pferd in der entsprechenden Reitweise gründlich ausgebildet wurde. Sonst wäre deine Hilfengebung wie eine Fremdsprache, die das Pferd nicht verstehen könnte.

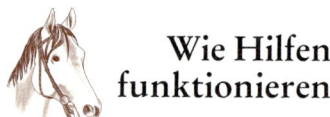

Wie Hilfen funktionieren

Hilfen unterscheidet man danach, womit sie gegeben werden, wie sie gegeben werden und was sie bewirken sollen. Danach teilt man ein in **Gewichtshilfen**, **Schenkelhilfen** und **Zügelhilfen**. Alle drei Arten kann man *einseitig* oder *beidseitig*, Zügelhilfen auch *annehmend* oder *nachgebend*

einsetzen. Zudem können Hilfen *treibend*, *verwahrend*, *verhaltend* oder *entlastend* wirken.

Treibende Hilfen gibt man mit Gewicht und Schenkel(n), verwahrende stets nur mit einem Schenkel. Verhaltend oder durchhaltend nennt man bestimmte Zügelhilfen. Entlastende Hilfen kann man sowohl mit den Zügeln als auch mit dem Gewicht durchführen. Klingt ziemlich verwirrend, nicht wahr? Sie ist auch wirklich nicht ganz einfach, die Sache mit den Hilfen. Aber ohne richtige Hilfengebung kannst du nicht selbständig reiten. Du wirst ab und zu ordentlich „büffeln" müssen und deine liebe Not mit der praktischen Umsetzung haben. Freu dich trotzdem – oder gerade – auch über kleine Fortschritte und hab Geduld mit dir selbst, wenn nicht gleich alles auf Anhieb klappt.

Merke dir besonders, daß du bei der praktischen Anwendung mit einer einzelnen Hilfe allein nichts ausrichten kannst! Du mußt stets mit mehreren Hilfen gleichzeitig auf das Pferd einwirken, dich sozusagen an das ganze Pferd wenden und nicht nur an bestimmte Körperstellen. Damit das klappt, ist es jedoch wichtig, daß du zuvor die Hilfen im einzelnen kennenlernst.

Gewichtshilfen: Im Grundsitz üben deine beiden Gesäßknochen gleichmäßigen Druck auf den Rücken des Pferdes aus. Diesen Druck kannst du durch Kreuzanspannen verstärken: Zieh den Bauch etwas ein, und drück das Gesäß nach vorne unten. Du kannst mit dem Oberkörper ganz leicht hinter die Senkrechte gehen, aber laß den Rücken gestreckt und die Schenkel und Knie an ihrem Platz! Mach kein Hohlkreuz, denn dann geht die Wirkung nach hinten und damit in die verkehrte Richtung! Probe auf einem Stuhl, und steck dabei die Hände unter den Po, so daß du die Gesäßknochen spürst.

Diese *beidseitig* belastende, treibende Gewichtshilfe veranlaßt dein Pferd, mit den Hinterbeinen große Schritte zu machen, sie gut „unterzusetzen". Das ist wichtig, damit das Pferd die Last auf seinem Rükken und sein eigenes Gewicht

mehr mit den Hinterbeinen „trägt" als mit den Vorderbeinen. Sonst geht es, wie man in der Fachsprache sagt, „auf der Vorhand": es ist nicht ausbalanciert, und die Vorderbeine werden frühzeitig abgenutzt.

Eine *einseitig* belastende Gewichtshilfe gibst du, indem du dein Gewicht mehr auf den linken oder den rechten Gesäßknochen verlagerst. Dadurch ändert sich dein Schwerpunkt; das Pferd biegt sich oder weicht dem stärkeren Druck aus, damit es selbst in der Balance bleibt. Deshalb kannst du diese Hilfe zum Beispiel zum Angaloppieren und zum Abbiegen benutzen. Streck dazu das entsprechende Bein etwas nach unten, bleib aber in der Wirbelsäule gerade! Der häufigste Fehler ist nämlich das Einknicken in der Hüfte. Dadurch belastet man zur falschen Seite hin.

Nur wenn man tief im Sattel sitzt, kann man die Gewichtshilfen richtig anwenden

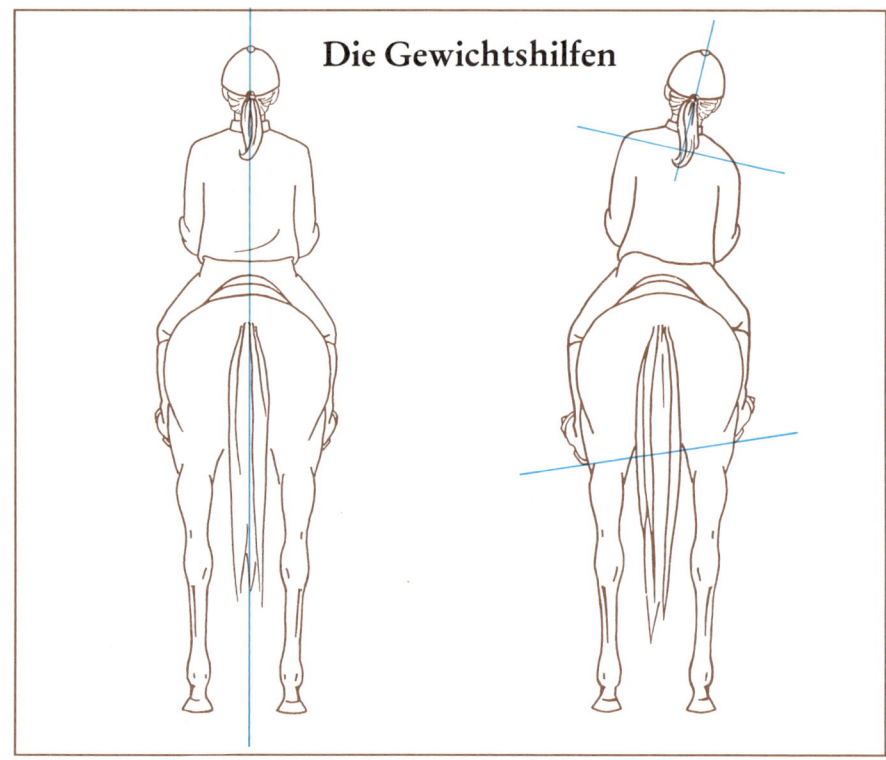

Die Gewichtshilfen

*Falsch: Die
Reiterin knickt
in der Hüfte
ein (Abb. rechts)*

Schenkelhilfen führst du mit den Unterschenkeln – Waden und Füßen – aus, indem du sie an den Pferdeleib drückst und die Anspannung beibehältst oder sie eventuell mehrmals wiederholst. Übe mit der Wade gegen deine Handfläche, damit du ein Gespür dafür bekommst. Liegen deine Schenkel *am* Sattelgurt, dann treiben sie stets *vorwärts*. Presse das Pferd nicht wie ein Schraubstock mit beiden Schenkeln „zusammen", sondern wechsele mit Druck und Nachlassen ab, und passe dich dabei den Bewegungen des Pferdekörpers an. Wenn du einen Schen-

*Der vorwärtstreibende Schenkel liegt
am Sattelgurt*

kel etwa eine Handbreit *hinter* den Gurt verlagerst, kannst du mit ihm eine *verwahrende* Schenkelhilfe durchführen, während der andere Schenkel vortreibt. Du brauchst sie vor allem beim Galoppieren. Sie soll dein Pferd daran hindern, mit dem „verwahrten" Hinterbein zu weit vorzuspringen. Bei Seitwärtsgängen wird ein Schenkel zur verwahrenden Hilfe benutzt, damit das Pferd „in sich gerade" bleibt.

Kicke niemals mit den Absätzen in die Flanken deines Pferdes, damit es vorwärts geht! Das ist keine Hilfe, sondern eine Grobheit dem Pferd gegenüber! Dir würde es bestimmt auch nicht gefallen, wenn dir ständig jemand mit den Fingern kräftig in die Seiten pikt. Auch die Gerte solltest du als Hilfsmittel zum Treiben – wenn überhaupt – nur ganz sparsam einsetzen, weil du sonst das Treiben mit deinem Körper nicht richtig lernst.

Zügelhilfen wirken bei der Gebißzäumung auf das empfindliche Maul des Pferdes. In der Ausgangshaltung hältst du die Zügel so, daß sie leicht „anstehen" und in weicher Verbindung mit dem Pferdemaul sind. Das Pferd spürt, daß du die Zügel in der Hand hast, das Gebiß drückt aber nicht auf die

Verwahrender Schenkel hinter dem Gurt

Laden. Hilfen erfolgen nun durch (unterschiedlich starken) Druck. Um ihn zu erzeugen, muß der Reiter die Zügel *annehmen*; das geschieht, indem er die Zügelhand zu sich herdreht und die Zügel dadurch anspannt. Will der Reiter den Druck vermindern, wird er *nachgeben*, indem er die Hände geraderichtet und dadurch die Spannung wieder lockert. Eine annehmende Hilfe muß stets durch eine nachgebende Hilfe beendet werden. Eine *verhaltende* (durchhaltende, verwahrende, begrenzende) Zügelhilfe besteht darin, daß ein Zügel leicht angespannt „stehenbleibt", während der andere Zügel nachgegeben wird, oder daß beide Zügel angenommen bleiben, bis die Lektion beendet ist. Schreib dir ganz groß und dick

in dein Gedächtnis, damit es notfalls gleich „Alarm" klingelt und dich an das richtige Verhalten erinnert: Ziehe oder reiße nie an den Zügeln! Das ist keine Hilfe, sondern tut dem Pferd sehr weh. Vermeide auch eine „harte Hand", das andauernde „Festhalten" an den Zügeln! Deine Hände sollen in der Bewegung des Pferdes mitfedern, aber nicht unruhig auf

62

An den Zügel stellen

Der Nasenrücken des Pferdes…

…nähert sich mit zunehmender Beizäumung…

63

...der Senkrechten. Das Genick des Pferdes sollte dann den höchsten Punkt bilden

Mit zunehmender Beizäumung tritt das Pferd mit der Hinterhand weiter unter

64

und ab hüpfen. Der plötzliche, zu heftige oder ständige harte Druck auf die Laden, die Zunge und die Maulwinkel bereitet dem Pferd Schmerzen. Es versucht ihnen zu entkommen, indem es das Maul aufreißt, mit dem Kopf schlägt, ihn verzweifelt nach unten oder hinten dreht, sich „einrollt" und sich im Genick und Rücken verspannt. Eventuell versucht es sogar zu steigen oder wegzulaufen. Zumindest geht das Pferd dann nicht, wie es richtig wäre, *am Zügel*.

Wahrscheinlich brauchst du nicht lange nachzudenken, wie es aussieht, wenn sich ein Pferd gegen den Zügel wehrt. Solche Bilder sieht man leider häufig, auch auf großen Turnieren. Hilfszügel, die nicht nachgeben oder zu eng geschnallt sind, wirken ebenso oder noch schlimmer quälend; auch ein nicht passendes Gebiß oder scharfe Stellen daran bekommt das Pferd unangenehm zu spüren.

Es kann „Ladendruck" entstehen, eine sehr schmerzhafte Prellung des Unterkiefers mit Entzündung der Kieferschleimhaut; Pferde mit Ladendruck wehren sich heftig gegen das Zäumen und Gerittenwerden. Unverständige Reiter versuchen ihnen dann manchmal mit einem noch schärferen Gebiß

Falsch: Auf dem Zügel

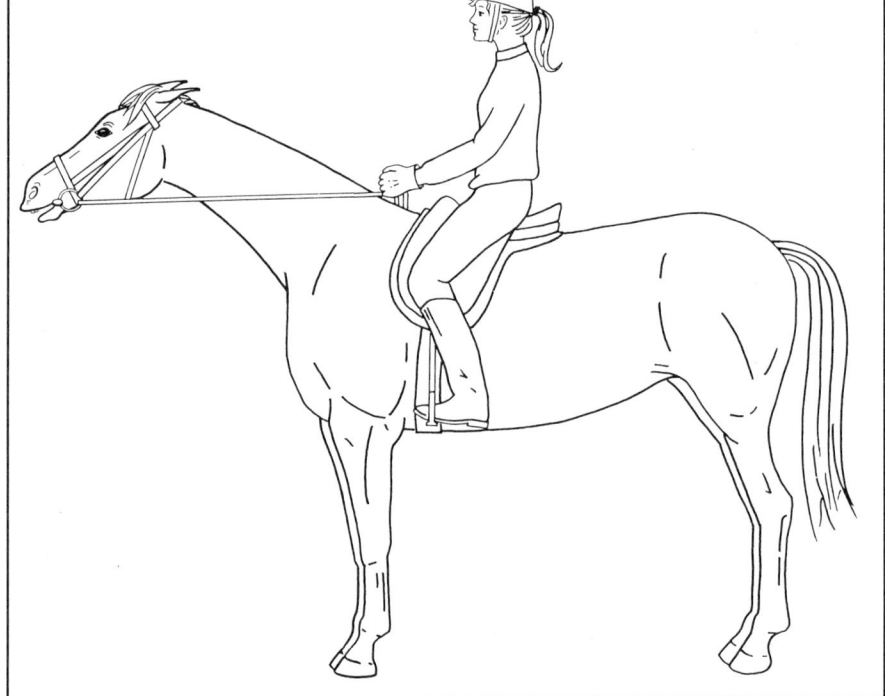

Falsch: Hinter dem Zügel

Falsch: Gegen den Zügel

„Gehorsam" beizubringen, statt sie eine Weile gar nicht zu reiten! Andere Pferde stumpfen mit der Zeit ab, wenn ständig mit harter Hand geritten wird. Sie werden dann „hartmäulig" geschimpft, weil sie auf die Zügelhilfen nicht mehr gut reagieren.

Nur wenn du die Zügel richtig hältst, also so ruhig, daß sie nicht schlackern, kannst du auch richtige Zügelhilfen geben. Richtige Zügelhilfen gibst du stets nur im Zusammenwirken mit Gewichts- und Schenkelhilfen. Präge dir das so ein, daß es unauslöschlich in deinem Gedächtnis bleibt! Trainiere immer wieder aufs neue deine Balance und deinen Sitz, damit deine Hilfengebung die richtige Wirkung hat!

Oft falsch verstanden: Paraden

Als Parade bezeichnet man das *Zusammenspiel von verhaltenden Zügelhilfen und treibenden Schenkel- und Gewichtshilfen.* Das ist sehr wichtig, denn häufig ziehen Reitanfänger nur an den Zügeln, wenn Paraden verlangt werden. Das ist aber grundfalsch!

Mit **halben Paraden** machst du dein Pferd aufmerksam, zum Beispiel auf eine neue Richtung oder eine andere Gangart. Eine **ganze Parade** wendest du nur zum Halten an. Bei halben Paraden bleibt also das Pferd in Bewegung, bei ganzen Paraden kommt es zum Stehen. (Dazu mehr im nächsten Kapitel!)

Halbe Paraden gibt man beidseitig oder einseitig, je nach dem Zweck der Übung; ganze Paraden werden immer beidseitig gegeben. Bei jeder Parade reitest du dein Pferd „in den Zügel hinein". Und das geht so: Während du treibst, nimmst du einen oder beide Zügel an. Deine Ellbogen dürfen sich dabei nicht nach hinten bewegen! Wenn du im Handgelenk wieder nachgibst, ist die halbe Parade beendet. Bei einer einseitigen halben Parade läßt du die äußere Zügelhand „ste-

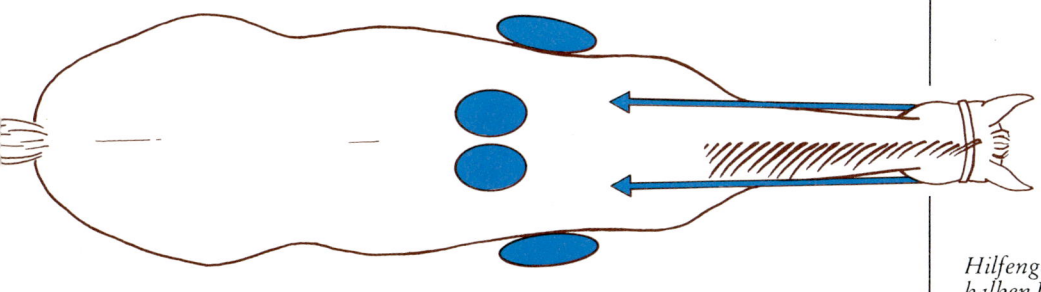

hen", das heißt, daß du sie nicht bewegst; nur deine innere Zügelhand nimmt an und gibt nach. In der Regel wirst du mehrmals annehmen und nachgeben, also mehrere halbe Paraden in kurzer Folge nacheinander geben, damit dein Pferd sich „angesprochen"

rung wird dir sicher einleuchten: Dein Pferd soll sich am Zügel „stoßen" – aber es soll sich mit den Hinterbeinen und der Kruppe abfangen, nicht mit den Vorderbeinen. Jede Parade wird beendet, indem man die treibenden Hilfen einstellt und die Zügel nachgibt.

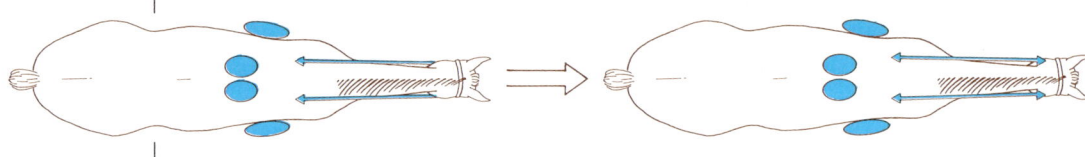

fühlt. Die ganze Parade wird mit halben Paraden eingeleitet, dann werden die Zügel „durchgehalten". (Mehr dazu im nächsten Kapitel!) Es mag seltsam klingen, daß du auch treiben sollst, damit dein Pferd langsamer wird oder sogar zum Stehen kommt, aber die Erklä-

Man kann es nicht oft genug betonen: Ein Pferd muß so geritten werden, daß die Hinterhand die Hauptlast trägt und die Vorhand entlastet wird, auch beim Verlangsamen. Dazu gibt es einen guten Merksatz: Die Hinterhand soll tragen, die Vorhand stützen!

Wußtest du, daß ...

... der schwierige Seitwärtssitz eine Erfindung des Mittelalters ist? Zuvor saßen Frauen genauso zu Pferde wie heute wieder, also im Grätschsitz. Die aufkommende strenge Sittenlehre aber befand, daß dies „unmoralisch" sei. So durfte eine Frau nur noch seitwärts auf einem Pferd sitzen, die Beine „sittsam" nebeneinander. Wie früher hatte sie nur ein Kissen oder eine Decke als Unterlag. Pferd mußte von einem Mann gefü nun nicht mehr an gemeinschaftlich nehmen, und die Männer bliebe Im 16. Jahrhundert kam dann der Damensattel auf. Mit ihm konnten ten, aber sie und die Pferde brauch Heute reiten Frauen nur noch in Au

Auf dem Hufschlag in allen Gangarten

 ### Kleines Reitbahn-Abc

Vielleicht hast du die ersten Longenstunden auf einem runden, eingezäunten Platz bekommen, einem Longierzirkel. Bereits deine ersten Versuche, allein im Sattel zurechtzukommen, Sitz und Hilfengebung zu

Reitbahnen haben *zwei lange und zwei kurze Seiten*, diese Bezeichnungen wirst du im Unterricht öfters hören.

Geschlossene und gedeckte Reitbahnen (Reithallen) besitzen den Vorteil, daß sie unabhängig von Wind und Wetter zu jeder Jahreszeit benutzt werden können. Pferde, Reiter und Reitlehrer sind vor Regen und Sonne ebenso geschützt

Reithalle ist jedoch teuer und wird nicht überall erlaubt. Bei trockenem, mildem Wetter gefällt es den meisten Reitern und Pferden auf dem offenen Reitplatz besser, wo es heller und luftiger ist als in der Halle.

Guter Boden ist wichtig

Schau dir auch einmal den Reitplatzboden an. Von ihm hängt es wesentlich mit ab, wie gut dein Pferd laufen kann. Der Boden sollte völlig eben, der Belag elastisch, staubarm, wasserdurchlässig und trittsicher sein und nicht an den Pferdebeinen scheuern. Wundere dich nicht, wenn der Sand- oder Feinkiesboden einer offenen Bahn an heißen Tagen mit Wasser gespritzt wird – er würde sonst unheimlich stauben und den Reitern wie den Pferden das Atmen und die Sicht erschweren. Wenn Gummi-, Kunststoff- oder Holzschnitzel beigemischt sind, staubt es weniger. Die Trittspuren von Naturböden, beispielsweise früheren Wiesen, sind nach einem Regen oft rutschig und nach dem Austrocknen klumpig. Die Pferde gehen darauf sehr unsicher, deshalb sollten zumindest die Spuren gesandet oder gekiest sein.

Hallenböden bestehen häufig aus einem weichen Torfgemisch und stauben weniger, weil sie durch das Dach nicht so stark austrocknen. Im Winter werden den Belägen manchmal Chemikalien beigemischt, damit sie nicht gefrieren; auf gefrorenem Boden können die Pferde schlecht laufen. Solche Zusätze können allerdings die Pferdebeine ebenfalls reizen. Auf tiefen Böden, besonders Sand, werden die Pferde schneller müde!

Die Absperrung an offenen Reitplätzen kann aus einfachen Bändern sein oder so stabil wie ein Koppelzaun. Hallen haben meistens eine Holzverkleidung, die man *Bande* nennt.

Vom Stall zum Reitplatz sollten die Pferde aus Sicherheitsgründen geführt, nicht geritten werden. Befinden sich bereits Pferde in der Bahn, bleibst du am Eingang stehen und rufst: „Tür frei, bitte!" Erst wenn von innen die Antwort kommt: „Tür ist frei!" darfst du den Platz betreten. Reiter, die sich bereits in der Bahn aufhalten, müssen auf Eintretende Rücksicht nehmen.

Auf dem Hufschlag

Führe dein Pferd zur *Mittellinie*. Das ist die gedachte Längsachse der Reitbahn, die die Bahn exakt in zwei Hälften

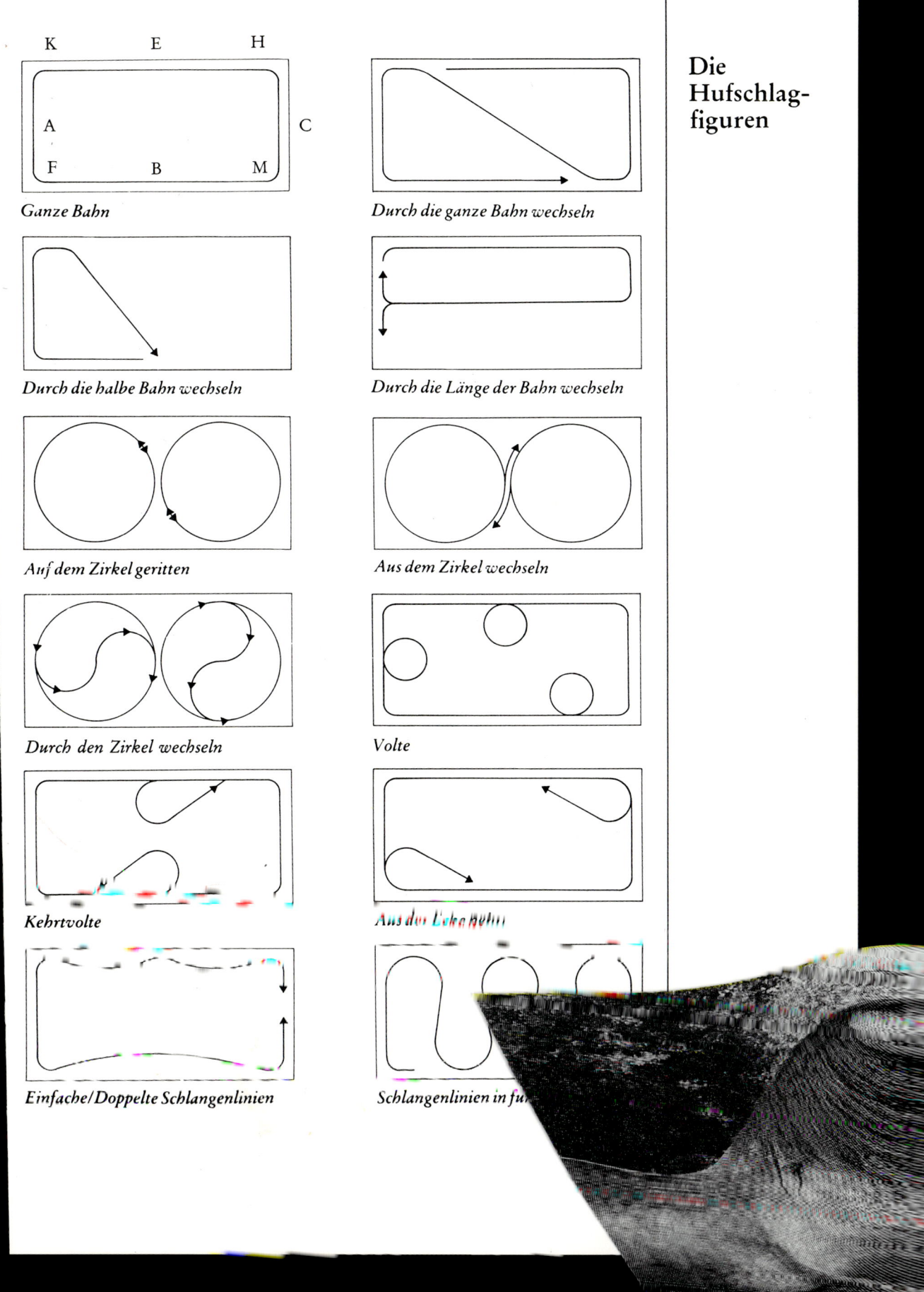

Die Hufschlag-figuren

Ganze Bahn

Durch die ganze Bahn wechseln

Durch die halbe Bahn wechseln

Durch die Länge der Bahn wechseln

Auf dem Zirkel geritten

Aus dem Zirkel wechseln

Durch den Zirkel wechseln

Volte

Kehrtvolte

Aus der Ecke kehrt

Einfache/Doppelte Schlangenlinien

Schlangenlinien in fu

aufteilt. Stelle das Pferd quer zu ihr, und zwar so, daß es dem Eingang zugewandt ist und die Vorderbeine in etwa die Achse berühren. Sind bereits Reiter „in Aufstellung", plazierst du dich mit deinem Pferd im Abstand von etwa einer doppelten Armlänge links von ihnen.

Von der Mittellinie aus reitet man auf den *Hufschlag*, das ist die Reitstrecke in der Bahn. Der *äußere* Hufschlag verläuft rundum an der Bande entlang. Der *zweite* Hufschlag befindet sich eine gute Pferdebreite daneben, neben diesem der dritte, der vierte und je nach Breite der Bahn noch der fünfte Hufschlag. Nur der hauptsächlich benutzte äußere Hufschlag hinterläßt deutliche Spuren – bis der Boden durch Rechen wieder geglättet wird.

Ebenfalls nicht hervorgehoben sind die *Hufschlagfiguren*. Dabei handelt es sich um vorgeschriebene gerade, gebogene und kreisförmige Linien, die geritten werden. Die einfachste heißt *Ganze Bahn*. Es ist der gerade Weg an den kurzen und langen Seiten entlang und durch die halbrunden *Ecken* (auf dem äußeren oder einem inneren Hufschlag). Die *Halbe Bahn* liegt jeweils auf den Querhälften der ganzen Bahn, die *Länge der Bahn* durchschneidet sie genau entlang der Mittellinie. Die *Zirkel* sind

zwei gleich große Kreise, die von einer langen zur anderen langen Seite und bis jeweils zur Mitte der Bahn reichen. Zusammen bilden sie eine große Acht.

Das Anreiten

Nach dem Aufsitzen hast du den Grundsitz eingenommen und hältst die Zügel so, daß dein Pferd weder nach vorn wegläuft noch zurücktritt. Es soll gleichmäßig und ruhig auf allen vier Beinen stehenbleiben, bis du es anreitest. Um dein Pferd aus dem Stand in Bewegung zu setzen – am Anfang der Reitstunde ist das immer der Schritt –, heißt es: Kreuz anspannen und Druck mit beiden Schenkeln gleichzeitig als treibende Hilfen. Das Pferd weicht diesem Druck aus, indem es nach vorn tritt. Gib gleichzeitig beide Zügel nach!

Auf welcher Hand?

Von der Mittellinie aus reitest du zum äußeren Hufschlag und wendest dort ab. Wenn du nach links abwendest, kommst du jetzt auf die *linke Hand*, deine linke Körperseite (und die des Pferdes) zeigt zum Bahninneren; wendest du dich nach

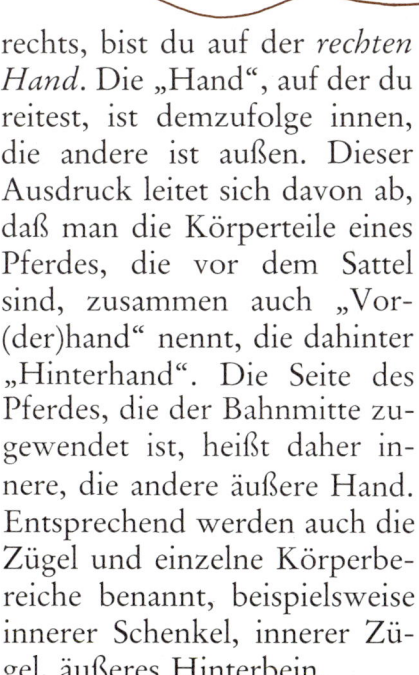

*Vorwärtstreiben-
de Hilfen im
Schritt oder Trab*

rechts, bist du auf der *rechten
Hand*. Die „Hand", auf der du
reitest, ist demzufolge innen,
die andere ist außen. Dieser
Ausdruck leitet sich davon ab,
daß man die Körperteile eines
Pferdes, die vor dem Sattel
sind, zusammen auch „Vor-
(der)hand" nennt, die dahinter
„Hinterhand". Die Seite des
Pferdes, die der Bahnmitte zu-
gewendet ist, heißt daher innere, die andere äußere Hand.
Entsprechend werden auch die
Zügel und einzelne Körperbe-
reiche benannt, beispielsweise
innerer Schenkel, innerer Zügel, äußeres Hinterbein.

Im Schritt

Damit das Pferd im *Schritt* gut
vorangeht, treibst du nun abwechselnd mit dem linken und
dem rechten Schenkel, und
zwar jeweils dann, wenn das
betreffende Hinterbein abfußt.
Das kannst du spüren, weil sich
dabei die Bauchmuskeln nach
vorn gegen deine Wade wöl-
ben. Durch den Schenkeldruck
wird das Pferd veranlaßt, das
angehobene Bein gut unterzusetzen.
Zu Beginn der Reitstunde rei-

*Zu Beginn der
Reitstunde reitet
man im Schritt
am langen Zügel –
aber bitte nicht
ohne Reitkappe!*

test du dein Pferd normalerweise im Schritt *am langen Zügel*. Dazu nimmst du die Zügel nur so weit an, daß sich das Pferd „langmachen", den Hals nach vorn dehnen und strecken kann. Das Pferd soll trotzdem nicht „schlurfen" – treib es also energisch mit den Schenkeln vorwärts! (Am Ende einer Reitstunde darf das Pferd sich in der Regel durch Schritt *am hingegebenen Zügel* entspannen.)

Nimm die Zügel allmählich auf, indem du sie stückweise nachfaßt, bis das Pferd Kopf und Hals etwas höhernimmt. Ordentlich Schritt zu reiten erfordert einige Übung! Erst wenn das Pferd gut ausschreitet, kannst du es auch korrekt antraben. Bereite es durch halbe Paraden auf den Trab vor!

Macht der Reiter, nicht das Pferd: Leichttraben

Zum *Antraben* spannst du wieder dein Kreuz an, drückst mit beiden Schenkeln gleichzeitig kräftiger und gibst die Zügel etwas nach, um dem Pferd den Kopf „frei" zu machen. So kann es vorwärts treten und wechselt vom Schritt in den Trab. Nach den ersten Tritten beginnst du sofort mit dem Leichttraben, damit das Pferd sich lockern kann.

Wahrscheinlich hast du das Leichttraben schon an der Longe probiert. Du hebst bei einem Tritt das Gesäß etwa eine Handbreit aus dem Sattel und setzt dich beim nächsten Tritt wieder hin. Im Takt des Trabes heißt es also: aufstehen

– hinsetzen – aufstehen – hinsetzen. Die meisten Anfänger heben sich zu weit aus dem Sattel, geraten aus der Balance und „fallen" dann in den Sattel zurück. Eine Handbreit genügt völlig!

Merke dir: Wenn das innere Hinterbein und das äußere Vorderbein vom Boden abheben, stehst du auf. Schiele auf die äußere Schulter, solange du das Abfußen noch nicht mit Hüfte und Po „merkst". Steh nicht mit den Füßen auf, sondern stütze dich mit den Knien und Oberschenkeln ab! Die Lage der Unterschenkel darf sich beim Aufstehen nicht ändern. Setz dich weich in den Sattel zurück, wenn die angehobenen Beine wieder aufgesetzt werden, und vergiß dabei nicht die treibenden Schenkelhilfen, sonst wird dein Pferd bald langsamer und fällt wieder in den Schritt.

Wenn du den Rhythmus einmal heraus hast, wirst du feststellen, daß das Leichttraben durchaus angenehme Seiten hat. Du bekommst ein besseres Gefühl für den Takt des Trabes, dein Rücken und deine Sitzfläche werden geschont. Und du kannst dich beim Leichttraben warm machen. Leichttraben ohne Steigbügel fördert den Knieschluß! Mindestens so wichtig aber ist die schonende Wirkung des

Wenn das innere Hinterbein abfußt, steht man beim Leichttraben auf

Leichttrabens für das Pferd. Weil sein Rücken nicht voll belastet wird, können sich seine Muskulatur und seine Sehnen entspannen, es kann sich „entkrampfen" und lösen.

Erst wenn das Pferd merklich schwungvoller geht, weil es sich gut entspannt hat, wird der Trab „ausgesessen". Jetzt kommt es für den Reiter besonders darauf an, tief sitzen zu bleiben und geschmeidig in der Bewegung des Pferdes mitzuschwingen. Treibe vermehrt

Leichttraben ohne Steigbügel ist eine gute Übung, um den Knieschluß zu verbessern

langsamer wird; durch richtige Hilfengebung trabt es gleich wieder stärker. Übler ist es für euch beide, wenn du hin und her rutschst und ihm in den Rücken fällst.

Reiten im Galopp

mit dem Kreuz und mit beiden Schenkeln gleichzeitig, halte die Zügel elastisch durch leichtes Mitgehen der Hände im Takt des Trabes.

Solltest du aus der Balance kommen, dann gib die Zügel nach, und zieh dich am Sattelbogen im Sattel zurecht. Es ist nicht schlimm, wenn dadurch dein Pferd vorübergehend

Zum *Angaloppieren* muß das Pferd etwas deutlicher nach innen gestellt werden, also im Linksgalopp nach links, im Rechtsgalopp nach rechts. Leite den Galopp ebenfalls mit halben Paraden ein, und gib dann klare Galopphilfen: Verlagere dein Gewicht auf den inneren Gesäßknochen, schieb deine innere Schulter etwas vor, halte den inneren Schenkel *am* Sattelgurt. Lege den äußeren Schenkel verwahrend eine

Hilfengebung im Rechtsgalopp

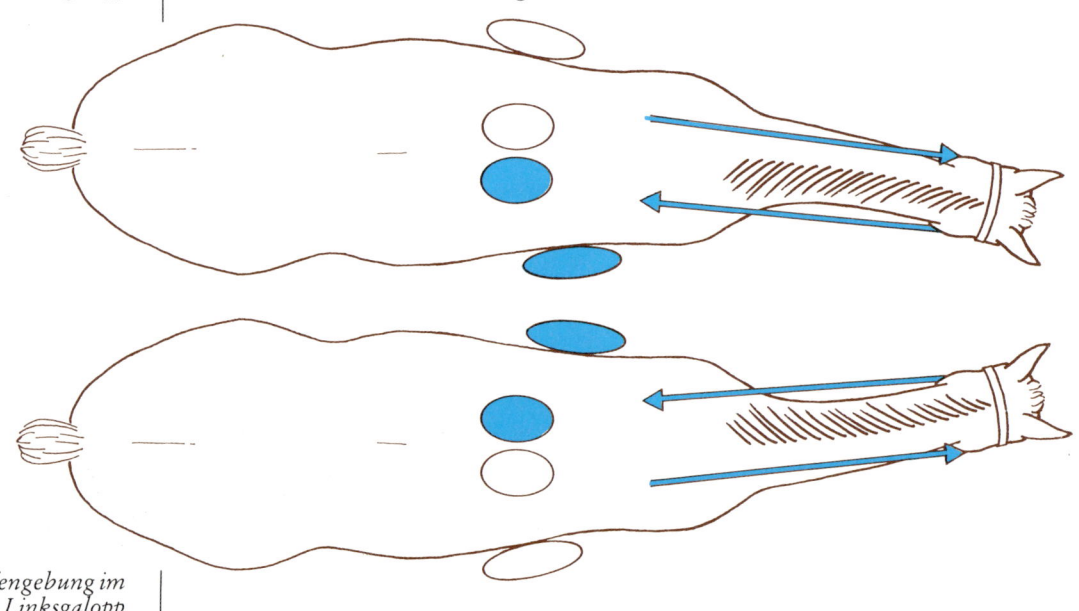

Hilfengebung im Linksgalopp

Handbreit *hinter* den Gurt. Dann – innere Hüfte vorschieben und Druck mit Gesäß und innerem Schenkel! So kann das Pferd mit dem inneren Hinterbein anspringen. Im gleichen Moment geht deine innere Zügelhand etwas vor, um den Galoppsprung „herauszulassen". Der äußere, etwas längere Zügel bleibt verhaltend stehen.

Falle auf keinen Fall vornüber, oder „hüpfe" im Sattel auf und ab! Laß den verwahrenden Schenkel nicht nach vorn rutschen, und halte die Hände ruhig und den Kopf oben! Hole jeden Galoppsprung mit Gewichts- und Schenkelhilfen sowie weichem Annehmen und Nachgeben der Zügel „heraus".

Wenn du falsche Hilfen gibst, kann es sein, daß dein Pferd mit dem falschen Bein anspringt

und dann im Außen- oder Kontergalopp geht. Mit deinem Sitz stimmt es dann „hinten und vorne" nicht. Fortgeschrittene Dressurreiter reiten den Außengalopp zwar als Aufgabe in Prüfungen. Ihn „gewollt" zu reiten ist aber gar nicht einfach und kommt für dich zunächst noch nicht in Frage.

Halten

Das *Halten* leitest du mit halben Paraden ein; dann führst du eine ganze Parade aus, indem du mit den Zügelhänden nicht mehr nachgibst und die treibenden Hilfen anwendest, bis das Pferd gleichmäßig auf allen vier Beinen steht. Jetzt erst beendest du die Parade, damit das Pferd nicht nach hin-

Auch im Galopp will der ruhige Sitz gelernt sein

ten wegtritt. Du hältst eine weiche Verbindung zum Pferdemaul und läßt Gesäß und Schenkel am Pferd, ohne zu drücken – bis zum Wiederanreiten oder zum Absitzen.

Tempo – Tempi

Jede Grundgangart kann man in verschiedenen *Gangmaßen* oder *Tempi* reiten. Der Unterschied besteht nicht in der Geschwindigkeit, in der das Pferd läuft, sondern im Raumgriff. Das ist die Länge der Schritte oder Tritte, beim Galopp spricht man vom Bodengewinn der Sprünge. Auch die Haltung des Pferdes ist in den einzelnen Tempi unterschiedlich.

Beim fleißigen Schritt, im Arbeitstrab und im Arbeitsgalopp tritt das Pferd mit den Hinterhufen höchstens an oder in die Spuren der Vorderhufe. Als Anfänger reitest du nur in diesem Tempo. Wenn du schon einige Übung hast und dein Pferd besser von hinten heranreiten kannst, werden dir auch Mittelschritt, Mitteltrab und Mittelgalopp gelingen. Dabei werden die Tritte beziehungsweise Sprünge länger, das Pferd setzt die Hinterhand „betont" unter.

Bei starkem Tempo in jeder Gangart bringt das Pferd den meisten Schwung, den größten Raumgriff und die höchste Schubkraft auf die Beine. Die Hinterhufe greifen deutlich vor die Abdrücke der Vorderhufe, das Pferd ist „gestreckter".

Dagegen sind beim versammelten Tempo die Tritte sehr ausdrucksvoll (man sagt auch „erhaben"), aber wenig raumgreifend; das Pferd ist insgesamt mehr „aufgerichtet". Die starken und die versammelten Tempi bleiben für dich vorläufig reine Theorie. Es schadet aber nicht, wenn du sie beim Zuschauen erkennst!

Nachgurten nicht vergessen!

Vergiß niemals, daß du beim Reiten nach etwa fünf Minuten den Sattelgurt nachziehen mußt, denn der Sattel sitzt nun durch das Reiten etwas tiefer. Erinnere dich immer daran – auch wenn es der Reitlehrer einmal nicht eigens sagt!

Mit etwas Geschick kannst du vom Sattel aus nachgurten, anfangs im Halten, später auch, während das Pferd Schritt geht. Leg dazu das linke Bein vor den Sattel. Hebe das Sattelblatt hoch, und ziehe die hintere Gurtstrippe nach oben. Nun drückst du den Dorn in das oberste erreichbare Loch. Dabei kannst du mit dem Zeige- oder Mittelfinger nachhelfen. Jetzt das gleiche mit der vorderen Strippe – fertig! Wenn du das Nachgurten vergißt, kann der Sattel den Rücken des Pferdes aufscheuern und zu einer Druckstelle führen. Ein solcher Satteldruck ist für das Pferd sehr schmerzhaft und braucht oft lange Zeit zum Ausheilen. Das Pferd kann in dieser Zeit nicht geritten werden. Außerdem fällst du unweigerlich vom Pferd, wenn der Sattel seitlich verrutscht!

Zum Nachgurten vom Sattel aus legt man das linke Bein vor den Sattel und zieht beide Strippen fest an

Wußtest du, daß ...

... Hufeisen seit alters her als Glücksbringer gelten? Das hat damit zu tun, daß Pferde bei vielen Völkern als heilig angesehen wurden, weil sie unentbehrlich für die Menschen waren. Damit es aber „wirkt", muß ein Hufeisen bereits von einem Pferd getragen worden sein. Und man muß es zufällig finden. Außerdem soll man das Hufeisen so aufhängen, daß die offene Seite nach oben zeigt und das Glück hineinfallen und drinbleiben kann. Vielleicht hat man ja wirklich Glück mit diesem Glücksbringer?

Vorwärts auf geraden und gebogenen Linien

Wenn die Hilfen nicht durchkommen

Es wird dir immer wieder passieren, daß deine Hilfen beim Pferd nichts oder etwas völlig Unbeabsichtigtes bewirken. Sie „kommen nicht durch", das Pferd ist nicht „durchlässig". Es geht in die falsche Richtung, ändert die Gangart nicht, bleibt stehen, wenn du es nicht willst, schlurft lustlos dahin oder rennt dir ständig davon.

Die Hauptursachen dafür liegen in Sitzfehlern und mangelhafter – auch zu schwacher oder zu heftiger – Hilfengebung. Weißt du auch, was du deinem Pferd antust, wenn du die Gerte zum Treiben einsetzt und gleichzeitig am Zügel reißt? Es braucht dich nicht zu wundern, wenn sich das Pferd dann „widersetzlich" verhält. Frag dich also stets, was du falsch gemacht hast, und schimpf nicht auf das ver-

meintlich „dumme" oder „un-
gehorsame" Pferd.

Durchparieren

Wenn zum Beispiel deine Hilfen zum Angaloppieren nicht
eindeutig sind, kann es sein,
daß dein Pferd im Trab zu „eilen" beginnt, anstatt zu galoppieren. Es läuft dann schnell
mit kurzen Tritten. Oder es
springt mit dem falschen Fuß
an und läuft dann im ungewoll-
ten Außen- oder Kontergalo-
lopp. In solchen Fällen mußt
du dein Pferd mit beidseitigen
halben Paraden „durchparieren", bis es gleichmäßig trabt
oder Schritt geht. Dann erst
gibst du wieder Galopphilfen –
diesmal richtig und deutlich.
Auch die Übergänge vom Galopp in den Trab oder Schritt
und vom Trab in den Schritt
erfolgen durch Parieren. Reitanfänger kommen bei der Umstellung der Taktfolgen leicht
„aus dem Takt" und fallen dem
Pferd ins Maul. Greife in einem
solchen „Notfall" in den Vorderzwiesel des Sattels, bis du
wieder ausgeglichen sitzen und
einwirken kannst.

Müdes Pferd?

Gelegentlich kann es dir passieren, daß dein Pferd dir nicht
gehorcht, obwohl dein Sitz

korrekt ist und du deine Hilfen
richtig einsetzt. Auch dann besteht noch längst kein Anlaß,
dem Pferd böse zu sein und es
gar zu strafen. Für Ungehor-
sam und Widersetzlichkeit gibt
es viele Gründe, an denen das
Pferd keine Schuld trägt!
Versuche die Ursache heraus-
zufinden! Ist das Sattel- und
Zaumzeug in Ordnung, oder
drückt und scheuert etwas? Ist
das Pferd verspannt, weil es
heute schon mehrere Reitschüler tragen mußte? Es könnte
auch hungrig oder durstig, müde oder wetterfühlig sein. Stuten sind manchmal in der Rosse
„launisch". Das ist die Paa-
rungsbereitschaft bei weibli-
chen Pferden, die etwa alle drei
Wochen für einige Tage ein-
tritt. Manchen älteren Pferden
machen zeitweise die Gelenke
zu schaffen, ein jüngeres Pferd
kann im Zahnwechsel sein.
Das sind nur einige mögliche
Gründe dafür, daß ein Pferd
sich vorübergehend nicht gut
reiten läßt, gleichgültig oder
nervös ist. Leider sind manche
Pferde nie richtig gut zu reiten:
Sie wurden nicht genügend
ausgebildet, oder es fehlt ihnen
an Kondition und Vertrauen,
weil sie schlecht untergebracht
und versorgt sind. In guten
Reitschulen werden die Lehr-
pferde immer wieder von
Fachleuten „korrigiert", um
die Fehler der Reitschüler aus-

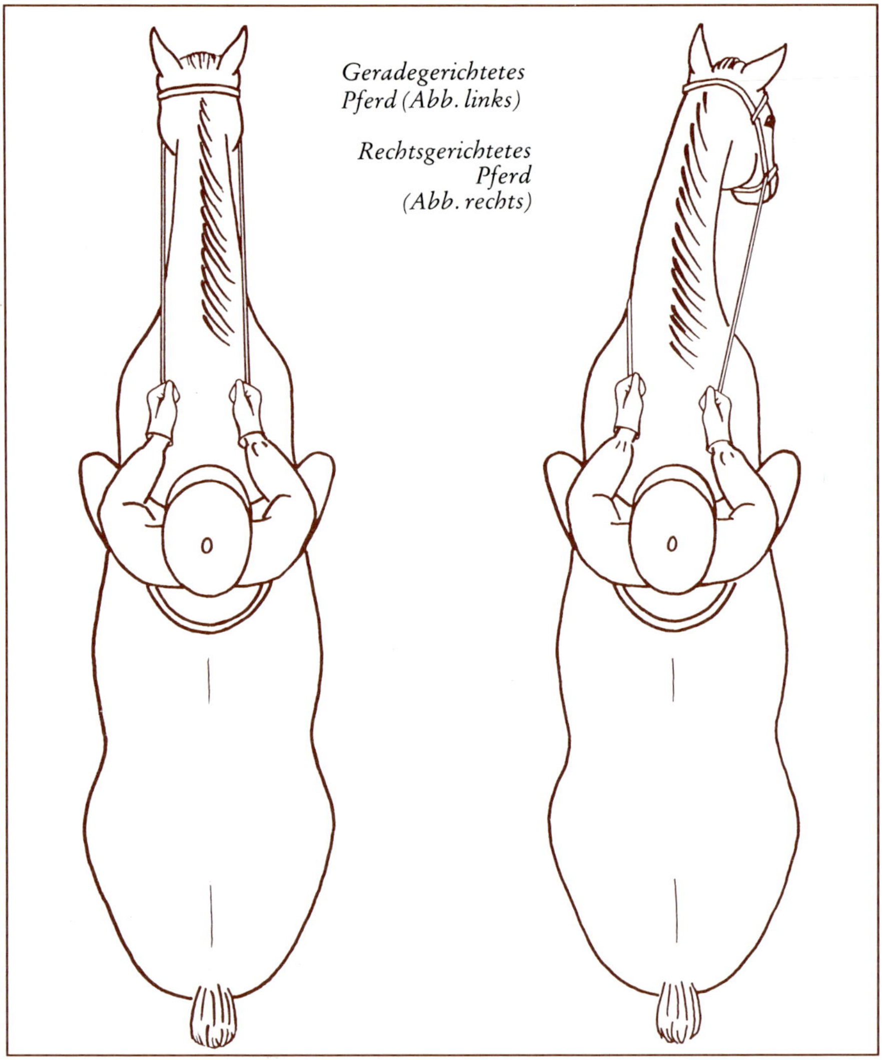

Geradegerichtetes
Pferd (Abb. links)

Rechtsgerichtetes
Pferd
(Abb. rechts)

zubügeln; man läßt es möglichst gar nicht so weit kommen, daß die Pferde „verritten" sind. Das ist gut für die Reiter, vor allem aber natürlich für die Pferde!

Vorwärts reiten!

Am wichtigsten ist es jetzt für dich, zu lernen, dein Pferd vorwärts zu reiten. Vorwärts bedeutet, daß es nicht zockelt, sondern losgelassen und zügig immer mehr in einen gleichmäßigen, „runden" Takt kommt und *an den Hilfen des Reiters steht*, sie also annimmt. Am besten wird dir das auf den geraden Linien gelingen. Dabei soll dein Pferd gleichmäßig auf beiden Seiten von den Zügeln und deinen treibenden Schen-

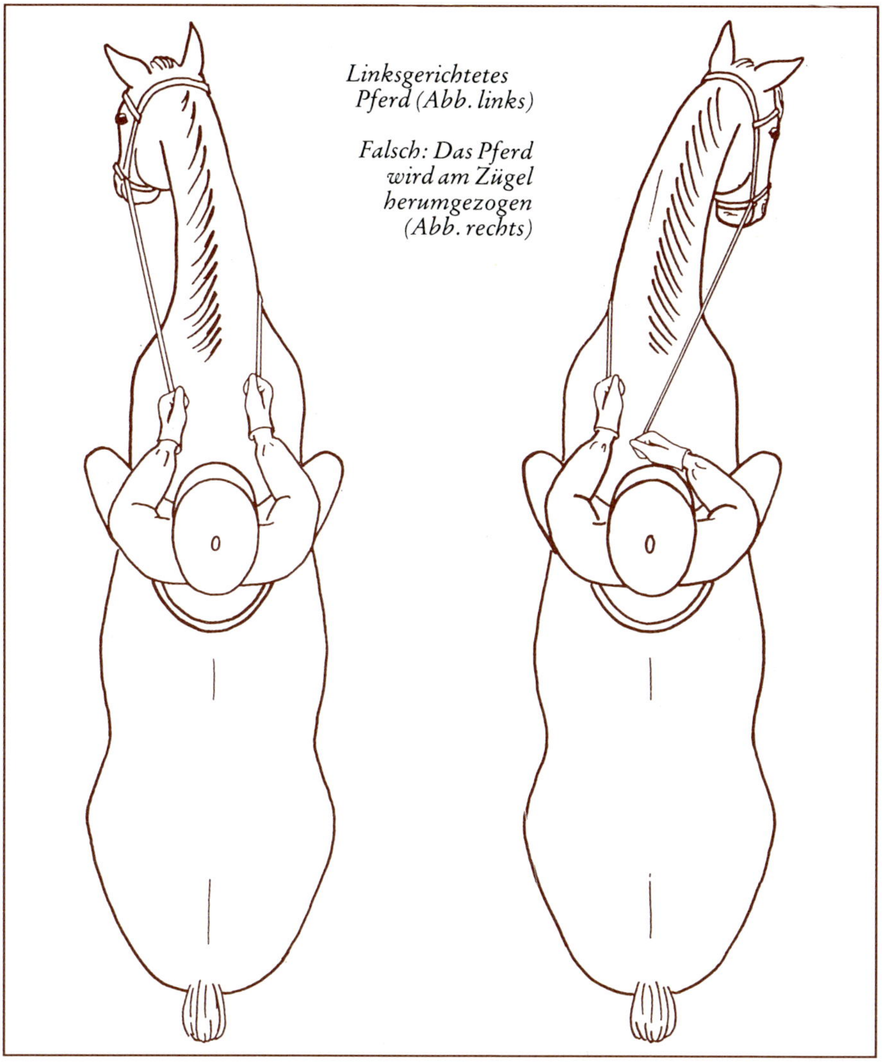

Linksgerichtetes
Pferd (Abb. links)

Falsch: Das Pferd
wird am Zügel
herumgezogen
(Abb. rechts)

kelhilfen eingerahmt sein. Gib soviel Hilfen wie nötig, aber sowenig wie möglich!

Viertelbögen, Halbbögen und ...

Unendlich geradeaus kannst du in der Reitbahn natürlich nicht reiten. Jede Seite beginnt und endet mit einer *Ecke*, durch die der Hufschlag in einem Viertelbogen verläuft. Während des Lösens darf dein Pferd die Ecken noch etwas „abschneiden". Aber nach dem Aufnehmen der Zügel solltest du möglichst korrekt durch die Ecken reiten. Stelle dein Pferd vor jeder Ecke leicht nach innen, indem du den inneren Zügel geringfügig kürzer nimmst

Korrektes Durch-reiten einer Ecke

als den äußeren. Du solltest das innere Auge und die innere Nüster „schimmern" sehen – nicht mehr! Merke dir: den Zügel kürzer nehmen, nicht ziehen! Gib den äußeren Zügel um etwa gleichviel nach, dann laß ihn „stehen". Verkürze die Tritte deines Pferdes durch halbe Paraden, aber laß es nicht langsamer werden. Biege es dann um deinen inneren Schenkel, verlagere dein Gewicht nach innen, und lege den äußeren Schenkel verwahrend zurück – fast wie zum Anga-loppieren, aber mit durchhal-tendem Zügel.

Nur durch richtiges Stellen und Biegen bleibt dein Pferd auf einem Hufschlag! Ansonsten wird es mit der Hinterhand „ausfallen", also den Hufschlag verlassen, oder sich nach außen stellen und „über die Schulter laufen", um im Gleichgewicht zu bleiben. Auch junge Pferde balancieren sich oft so aus. Die „totale" Biegung, bei der es von den Nüstern bis zum Schweif exakt nach der gebogenen Linie ausgerichtet ist, kann ein Pferd allerdings nicht ausführen. Dazu ist seine Wirbelsäule nicht elastisch genug. Sobald dein Pferd mit dem Hals die Gerade erreicht hat, richtest du es auch wieder geradeaus und läßt es munter vorwärts gehen!

Erst wenn du wirklich „sau-

ber" Ecken durchreiten kannst, solltest du *Schlangenlinien* reiten. Sie sind deshalb so schwierig, weil sie mehrere Richtungsänderungen erfordern. Deshalb muß der Reiter sein Pferd mehrmals „umstellen" – durch raschen, aber korrekten Wechsel der Hilfen. Viele Reiter ziehen ihre Pferde nur an den Zügeln hin und her und strapazieren dabei deren Maul. Gestellt und gebogen sind die Pferde jedoch nicht. Man kann das Umstellen recht gut auf dem „trockenen" üben, zum Beispiel auf einem Stuhl, dem man Stricke als Zügel „einschnallt"!

… ganze Kreise

Dieselben Hilfen wie zum Bogenreiten gebrauchst du, um auf kreisförmigen Linien zu reiten. Große Kreise sind die beiden *Zirkel*. Es ist gar nicht so einfach, genau auf der Zirkellinie zu bleiben. Entweder versucht das Pferd, den Zirkel von sich aus zu verkleinern und eine „Schneckenform" nach innen zu laufen – oder es drängt an den offenen Seiten nach außen. Im ersteren Fall solltest du den inneren Zügel vorübergehend etwas nachgeben und den äußeren Zügel mehr annehmen. Vergiß nicht, mit dem inneren Schenkel weiter zu treiben! Im zweiten Fall muß der verwahrende äußere Schenkel stärker werden. Zieh dabei aber nicht am inneren Zügel!

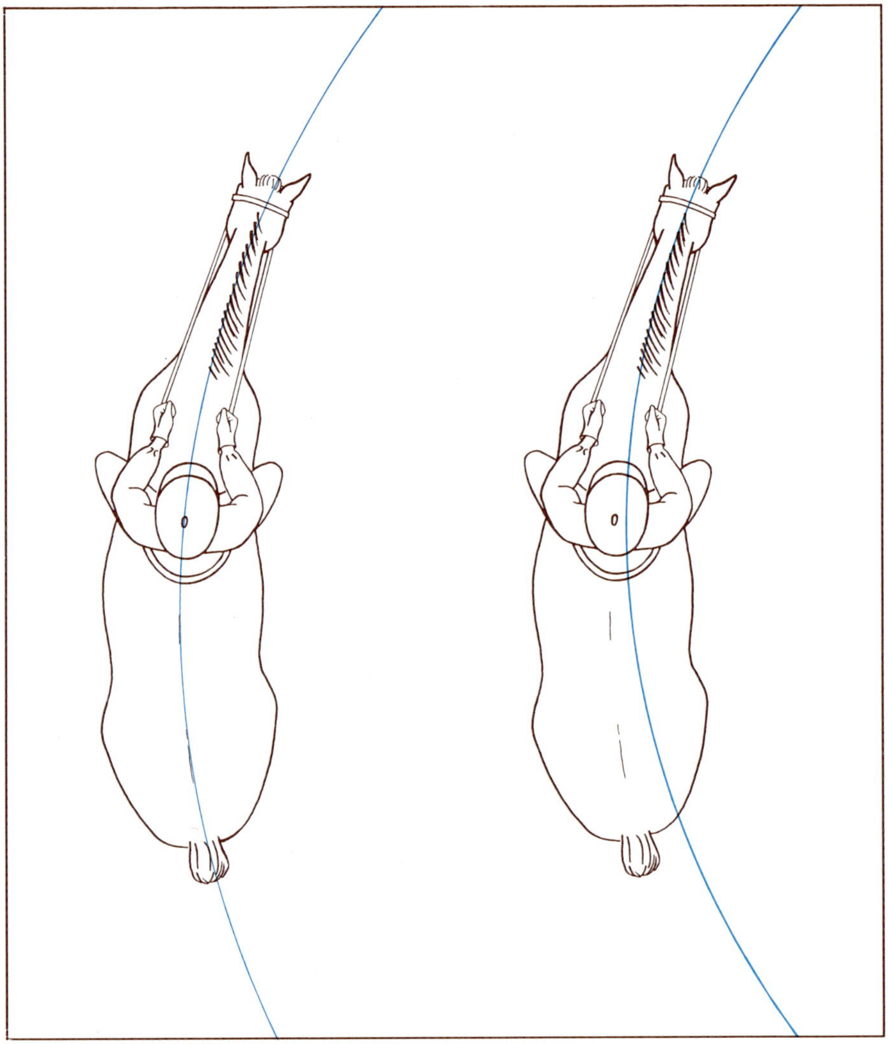

Ideallinie (Abb. links)

Falsch: Die Hinterhand des Pferdes bricht aus (Abb. rechts)

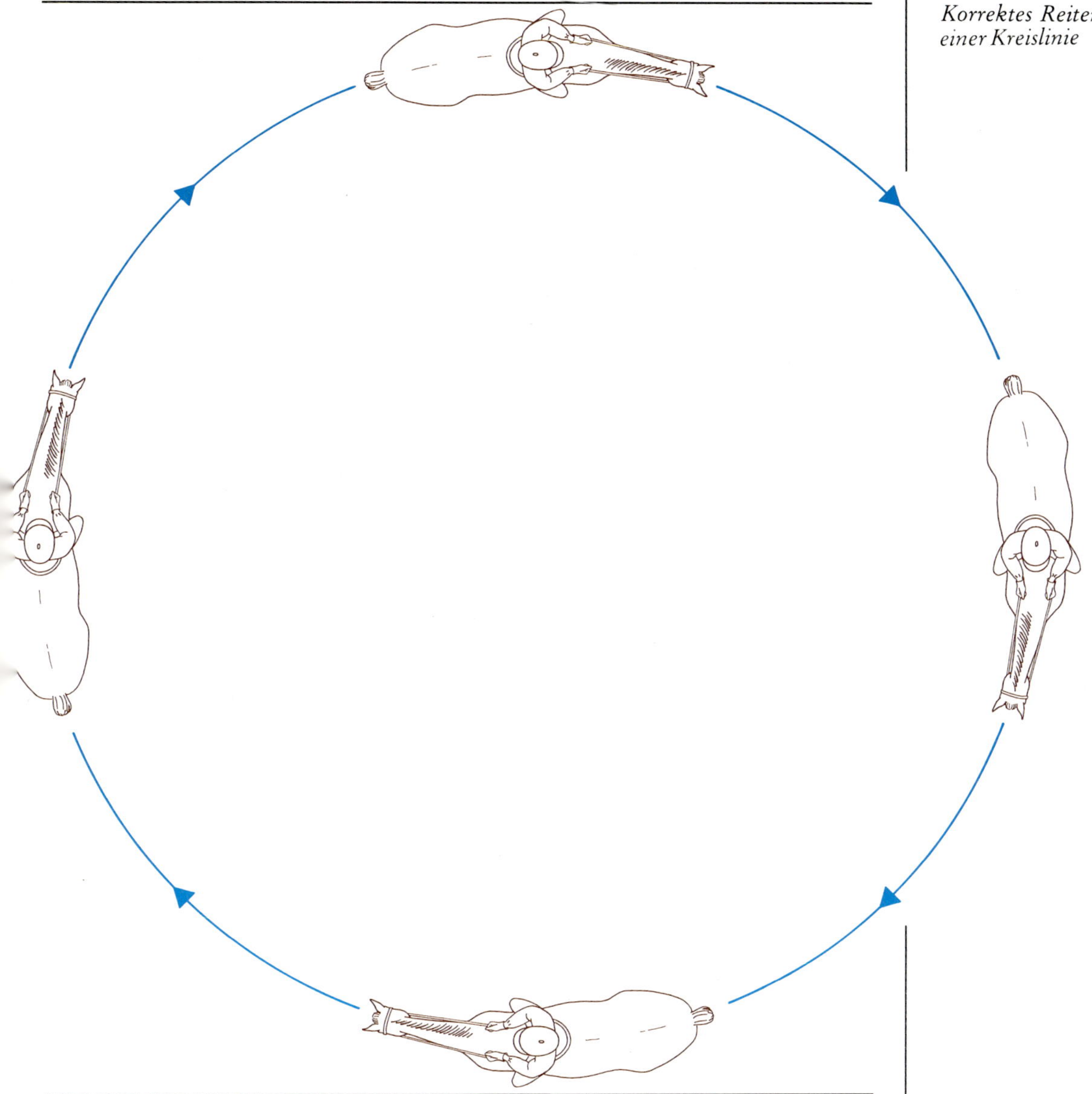

Korrektes Reiten einer Kreislinie

Biegsam und geschmeidig

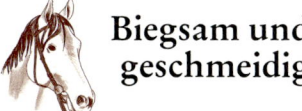

Bögen und Kreise machen das Pferd geschmeidig und biegsam. Zirkelreiten ist also eine Art Gymnastik für das Pferd – wenn der Reiter es dabei durch richtige Hilfen unterstützt.

Im Gegensatz zum Zirkel mit seiner festgelegten Spur in der Bahn kann man *Volten* an fast jeder Stelle der Reitbahn ausführen. Jeder Reiter reitet von einer der langen oder kurzen Seiten weg seine eigene Volte. Es ist eine kreisförmige Figur mit einem Durchmesser von

Volte zu zweien nebeneinander

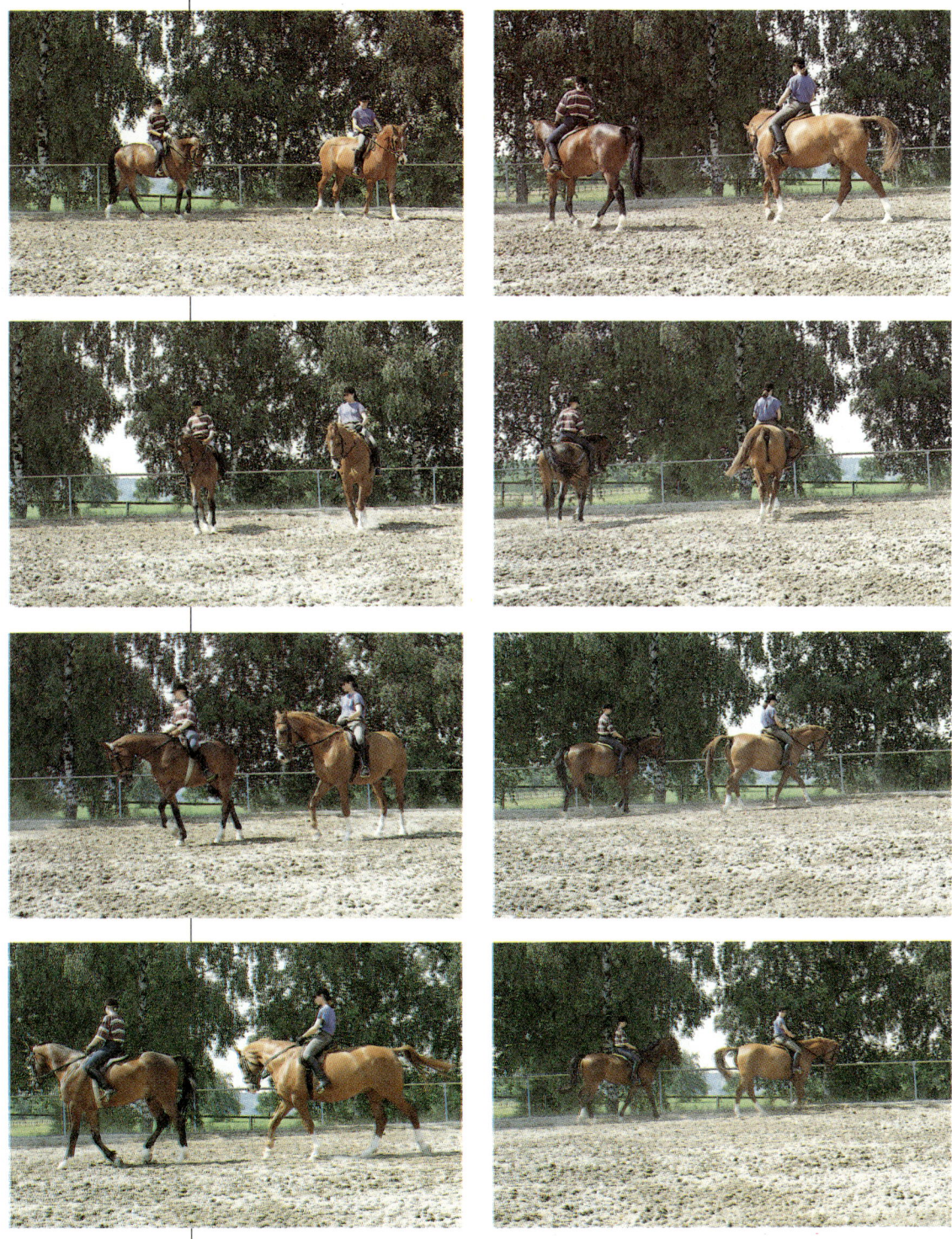

fünf bis sechs Metern, die auf dem Hufschlag beginnt und endet. Wegen des kleineren Durchmessers muß sich das Pferd mehr biegen als auf dem Zirkel! Daher mußt du stärkere Hilfen geben. Im Trab reitet man Volten nur ausgesessen. Galoppvolten sind für dich noch zu schwierig.

Kehrtvolten sind keine geschlossenen Kreise, sondern laufen in einem Bogen so auf den Hufschlag zurück, daß man auf die andere Hand kommt.

Handwechsel

Es ist sehr wichtig, daß öfters die Hand gewechselt wird, da die Pferde sonst zu stark auf einer Seite belastet werden. Meist wird schräg durch die ganze Bahn oder durch die halbe Bahn beziehungsweise gerade durch die Länge der Bahn gewechselt. Die Wechsellinien beginnen und enden an den *Wechselpunkten*. Das sind festgelegte Buchstaben an bestimmten Stellen der Reitbahn. Die Punkte A (Stirnseite) und C (Rückseite) markieren die Mitte der kurzen Seiten, E und B die der langen Seiten. Bei K und H beziehungsweise F und M wendet man vom Hufschlag ab, und dort erreicht man ihn auch wieder.

Wann du abwenden sollst? Wenn dein Oberkörper auf Höhe des Wechselpunktes ist. Beim Abwenden stellst du dein Pferd nach innen. Denke daran, daß du es umstellen mußt, bevor du die Wechsellinie verläßt und den Hufschlag wieder erreichst! Wenn du leichttrabst, bleibst du einfach einmal sitzen und bist dann automatisch wieder „auf dem richtigen Fuß". Zunächst wirst du noch nicht im Galopp wechseln, sondern zum Trab durchparieren und dann auf der anderen Hand neu angaloppieren. Falls du eine Gerte mitführst, nimmst du nach dem Umstellen die Zügel kurz in die bisher innere Hand und ziehst die Gerte mit der anderen Hand heraus. Bohr sie dabei aber nicht deinem Pferd in den Hals!

Wechseln kann man auch *durch den Zirkel* und *aus dem Zirkel* – das erstere ist ähnlich schwierig wie das Reiten von Schlangenlinien. Als Anfänger führst du solche Handwechsel, wenn überhaupt, auch erst einmal nur im Schritt aus. Eine weitere Möglichkeit zum Wechseln sind Wendungen.

Die *Kehrtwendung* hat die gleiche Form wie die Kehrtvolte. Der Unterschied besteht darin, daß alle Reiter jetzt hintereinander auf derselben Spur reiten. Bei mehr als zwei, drei

Reitern müssen die ersten Pferde nach dem Wenden auf dem zweiten Hufschlag geritten werden, weil die hinteren Pferde noch in der bisherigen Richtung auf dem ersten Hufschlag laufen.

Wenden aus dem Halten

Besonders gefordert wirst du bei der Wendung auf der beziehungsweise um die Vorhand, kurz auch *Vorhandwendung* genannt. Du reitest dazu auf den zweiten Hufschlag, weil sonst dein Pferd mit dem Kopf die Bande streifen müßte, und bringst es dort zum Halten.

Dann mußt du dir folgendes bewußtmachen: Bereits ab jetzt wechseln in diesem Fall die Seiten: Die bisher äußere Seite ist nun die innere Seite und umgekehrt.

Dein Pferd soll sich nun in einem Halbkreis um die Vorhand wenden. Du mußt es dazu bringen, daß es mit den Hinterbeinen den Halbkreis beschreibt, mit den Vorderbeinen aber auf der Stelle tritt. Es darf nicht nach vorn ausweichen! Ein kleinerer Fehler ist es, wenn es ein wenig nach hinten tritt.

Und nun paß auf: Stelle dein Pferd leicht nach innen! (Denk daran, das ist die Seite, die bis eben noch „außen" war.) Der

Vorhandwendung

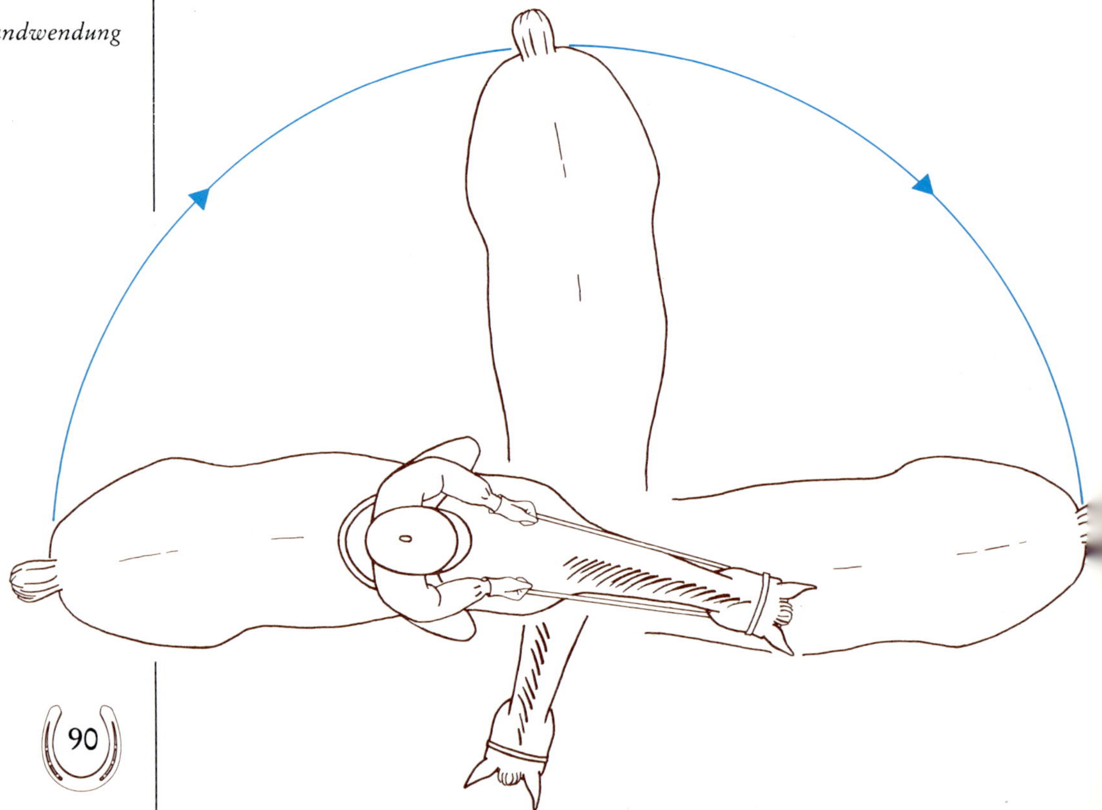

jetzt äußere Zügel bleibt „führend" stehen. Verlagere dein Gewicht nach innen, lege den inneren Schenkel knapp am Gurt an. Mit ihm treibst du dein Pferd seitwärts. Der äußere Schenkel liegt verwahrend eine Handbreit hinter dem Gurt.

Und jetzt: Druck – und dein Pferd kreuzt mit dem inneren Hinterbein das äußere Hinterbein. (Tut es dies nicht? Dann überprüfe deine Hilfengebung und deinen Sitz!) Gleichzeitig fängst du mit dem äußeren Schenkel die Bewegung des Pferdes auf. So entsteht nach dem Übertreten ein kurzer Halt. Er ist notwendig, damit das Pferd nicht mit der Hinterhand zu eilen beginnt.

Laß nun dein Pferd weiter in diesem Rhythmus herumtreten: Druck – Treten – Pause; Druck – Treten – Pause, bis es der bisherigen Richtung genau entgegengesetzt steht. Ganz

wichtig: Vermeide auch hier jedes Zügelziehen! Das hätte zur Folge, daß dein Pferd sich dagegen wehrt, zum Beispiel, indem es den Kopf abwärtsseitwärts steckt und gleichzeitig die treibenden Hilfen nicht mehr annimmt.

Wenn dein Pferd nach vorne treten will, dann fange es gefühlvoll mit dem Zügel ein, und verbessere deine seitwärtstreibenden Hilfen. Will es nach hinten wegtreten, mußt du angemessen mit dem Gewicht dagegenwirken.

Wenn die Wendung beendet ist, sollte dein Pferd gleichmäßig auf allen vier Beinen stehen. Eine gut gelungene Vorhandwendung löst das Pferd und gibt dir beim Reiten ein neues Gefühl!

Wendungen um die Hinterhand sind noch weitaus schwieriger, deshalb findest du sie in diesem Buch nicht beschrieben.

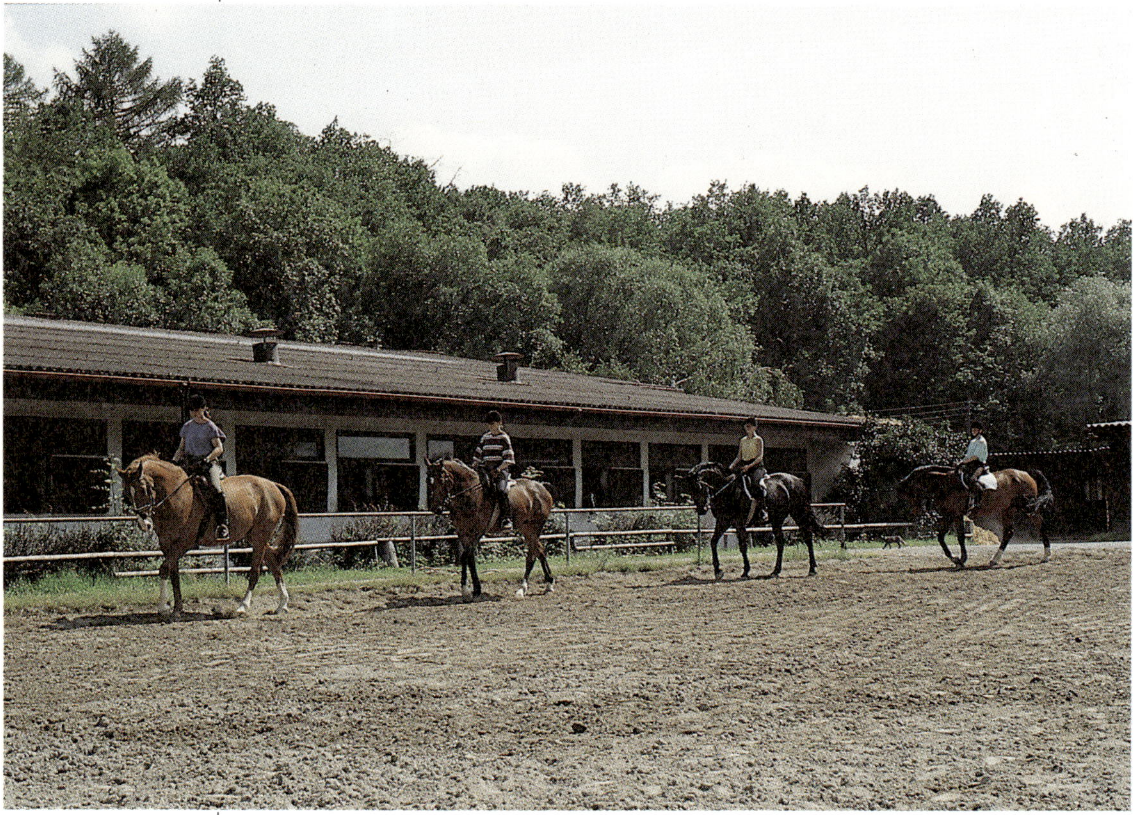

Eine Abteilung auf der linken Hand ...

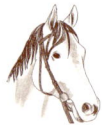

Das Reiten in der Abteilung

Gemeinsam nach Kommandos

Nach einer Reihe von Einzelstunden wirst du mit anderen Reitern zu einer Abteilung zusammengefaßt. Sie umfaßt idealerweise etwa vier bis acht, höchstens zehn Reiter. Für „Massen"-Abteilungen von mehr als zehn Reitern sind die normalen Reitbahnen etwas eng. Abteilungsreiten bedeutet, daß alle Reiter gemeinsam nach den Kommandos des Reitlehrers reiten. Andere Reiter dürfen sich nicht in der Bahn aufhalten und nach eigenem Ermessen reiten, und es darf auch nicht longiert werden. Die Reiter sollten in etwa auf derselben Ausbildungsstufe sein.

Anders als in der Einzelstunde kann der Reitlehrer allerdings nicht immer auf jeden Reiter besonders eingehen. An der „Tete" (französisch: tête = Kopf), das ist der Anfang der Abteilung, reitet meist der beste Reiter oder die beste Reiterin. Er oder sie muß alle Hufschlagfiguren und Kommandos kennen, sonst gerät die Abteilung durcheinander! Der Schlußreiter muß ebenfalls schon „gut" sein, denn bei Kehrtwendungen gelangt er an den Anfang der Gruppe. In welcher Reihenfolge die anderen Reiter kommen, bestimmt entweder der Reitlehrer, oder die Reiter ordnen sich so ein, wie sie die Bahn betreten.

Wichtig ist, daß jedes Pferd einen Abstand von etwa einer Pferdelänge zum Vorderpferd hat. „Aufreiten", das zu nahe Heranreiten an das Vorderpferd, kann dazu führen, daß dieses sich bedrängt fühlt und ausschlägt. Zumindest aber stört man es in seiner freien Bewegung.

Fortschritte

Bisher hast du die Gangarten schön nacheinander in ihrer Reihenfolge geritten: Aus dem Halten in den Schritt, dann Trab, dann Galopp – und zurück, Gangart für Gangart. Jetzt, wo deine Hilfengebung schon ganz ordentlich geworden ist und das Anreiten wie das Durchparieren recht gut klappt, bist du „reif" für Verfeinerungen:

Du lernst und übst das Angaloppieren aus dem Schritt – mit der Zeit von jeder beliebigen Stelle des Hufschlags aus – und parierst aus dem Galopp direkt zurück in den Schritt. Auch das Antraben aus dem Halten und das Durchparieren aus dem Trab zum Halten wird dir bald keine größeren Probleme mehr machen. Du brauchst ja nichts

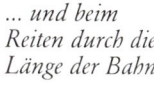

... und beim Reiten durch die Länge der Bahn

anderes zu tun, als klare und unmißverständliche Hilfen zu geben und deine halben und ganzen Paraden entsprechend „durchzuhalten" beziehungsweise zu verstärken. Der Erfolg wird nicht auf sich warten lassen! Genieße ihn ruhig, du hast sicher viel geübt und manchen Rückschlag hinnehmen müssen. Bald wirst du dein neues Können auch in der Abteilung verwenden können!

Erster Abschnitt:
Das Lösen

Am Anfang der Trainingsstunde sind die Pferde meist noch „stallsteif" und müssen erst durch sogenannte lösende Übungen entspannt werden, damit sie schwungvoll gehen können. Dabei wird ihre Muskulatur gelöst, aber auch ihre Bereitschaft zum „Mitmachen" gefördert. Alle Reiter beginnen mit Schritt am langen Zügel und können dabei häufig noch „durcheinanderreiten". Die Abteilung bildet sich meist erst nach dem Lösen entweder durch Aufstellung auf der Mittellinie oder indem sich die Reiter auf dem Hufschlag nacheinander einordnen.

Im Trab wird im ersten Abschnitt der Reitstunde grundsätzlich leichtgetrabt. Man wechselt häufig zwischen ge-

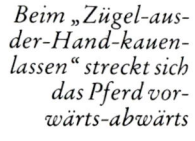

Beim „Zügel-aus-der-Hand-kauen-lassen" streckt sich das Pferd vor-wärts-abwärts

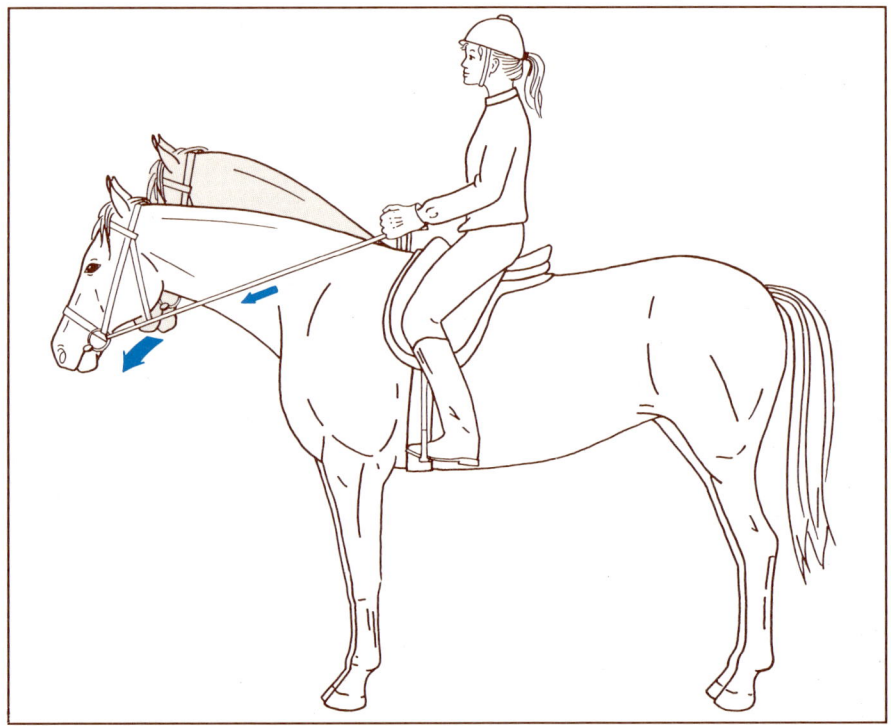

raden und gebogenen Linien und zwischen Arbeitstrab und Arbeitsgalopp. Auch die Hand wird immer wieder gewechselt. Jetzt kannst du dabei bereits *einfache Galoppwechsel* durchführen: Du parierst dein Pferd aus dem Galopp zum Schritt durch und läßt es drei Takte im Schritt gehen; dann galoppierst du auf der anderen Hand wieder an.

Bis sich ein Pferd richtig gelockert hat, dauert es etwa zehn bis 20 Minuten – je nachdem, ob es vorher schon gegangen ist. Manche Pferde brauchen auch länger. Du wirst merken, wie der Takt deines Pferdes allmählich gleichmäßiger wird und es seinen Rücken „hergibt".

Am Ende der lösenden Arbeit läßt du dein Pferd die Zügel „aus der Hand kauen". Das heißt, du gibst langsam die Zügel nach, und dein Pferd wird sich nach vorne-abwärts strecken und dehnen. Wenn es schneller werden oder dir „davonlaufen" will, ist es noch nicht genügend gelöst! Das kannst du auch schon während der lösenden Arbeit durch *Überstreichen* ausprobieren und dadurch das Lösen fördern: Der Reiter schiebt seine innere Hand oder beide Hände bis zum Mähnenkamm vor, treibt aber weiter. Da-

durch fällt die Verbindung Pferdemaul-Reiterhand aus. Ein gut ausgebildetes und gelöstes Pferd bleibt trotzdem in „Selbsthaltung" und behält das eingeschlagene Tempo bei. Gleichzeitig kann es sich dabei entspannen. Besonders gut für maulempfindliche Pferde! Leider wird das Überstreichen in vielen Reitschulen vernachlässigt.

Zweiter Abschnitt: Die Arbeit

Nach dem lösenden Teil folgt die „versammelnde Arbeit". Sie verlangt volle Konzentration von Pferden und Reitern! Jetzt zeigt sich, was du bereits recht gut beherrschst und woran du noch „feilen" mußt.

Der Trab wird ab jetzt ausgesessen. Die Gangarten, aber auch die Tempi in den einzelnen Gangarten wechseln häufig: Auf dem Zirkel wechselt

Zum Überstreichen gehen die Zügelhände am Mähnenkamm nach vorn

man öfters vom Arbeitstrab in den Arbeitsgalopp und umgekehrt; besonders auf den Geraden geht man des öfteren aus dem Arbeitstrab in den Mitteltrab über, aus dem Arbeitsgalopp in den Mittelgalopp – und wieder zurück in das jeweilige Arbeitstempo (*Zulegen* und *Einfangen*). Dazwischen wird immer wieder Schritt geritten, damit Pferde und Reiter „verschnaufen" können.

Meist wird auch Einzelgalopp verlangt. Das heißt, jeder Reiter muß einzeln angaloppieren und an der Abteilung vorbeireiten beziehungsweise zu ihr aufschließen. Das ist eine gute Übung, damit die Pferde sich nicht angewöhnen, einfach hinter ihren Vorderpferden herzulaufen, sondern, an den Hilfen der Reiter zu bleiben. „Hauptfiguren" in der Reitstunde sind – außer dem Zirkelreiten – Schlangenlinien, Volten und Vorhandwendungen. Jetzt ist auch der Zeitpunkt gekommen, die sogenannten Seitwärtsgänge zu üben, bei denen das Pferd „schräg" gestellt ist oder seitwärts läuft.

Beim Schenkelweichen tritt das Pferd vorwärts-seitwärts

Seitwärts-vorwärts

Zunächst lernst du das *Schenkelweichen* im Schritt. Das Pferd soll dem Druck deines linken oder rechten Schenkels „ausweichen", indem es seitwärts-vorwärts tritt. Dazu muß es in Längsrichtung auf zwei Hufschlägen gehen. Für dich als Reiter ist das eine gute Übung, um die einseitige Hilfengebung zu trainieren. Aber es gibt vieles, was du dabei falsch machen kannst! Nimm dir Zeit für Trockenübungen, bei denen du die Lektion

Schritt für Schritt nachvoll-
ziehst.
Schenkelweichen beginnst du,
auch in der Abteilung, jeweils
nach dem Durchreiten einer
Ecke. Am Wechselpunkt stellst
du dein Pferd nach einer halben
Parade nach außen – dieser bisher äußeren Seite soll das Pferd

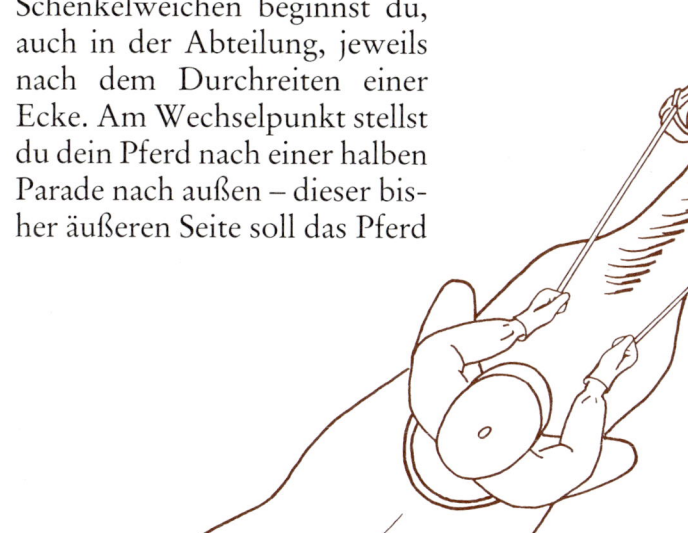

Schenkelweichen

„weichen", sie ist ab jetzt (ähnlich wie bei der Vorhandwendung) die innere Seite! Merke
es dir genau, sonst gibst du die
Hilfen falsch, und es klappt
nicht.
Verlagere dein Gewicht nach
innen. Der nun innere Schenkel liegt am Gurt, der innere
Zügel ist leicht verkürzt. Der
äußere Zügel steht an, er führt
und soll verwahrend auf die
äußere Schulter des Pferdes
wirken; der äußere Schenkel
liegt wie beim Galoppieren eine Handbreit hinter dem Gurt,
um die Hinterhand zu ver-
wahren.
Bleib aufrecht sitzen und
rutsch nicht im Sattel hin und
her! Drück mit dem inneren
Schenkel, damit dein Pferd mit
der Hinterhand vom äußeren
Hufschlag weg auf den zweiten
Hufschlag tritt, und halte mit
den äußeren Hilfen dagegen,

damit es nicht weiter herumtritt als erforderlich.

Das eigentliche Schenkelweichen beginnt erst, wenn dein Pferd in einem Winkel von etwa 45 Grad zur Bande gestellt ist. Hast du es korrekt, das heißt vor allem nicht zu stark seitlich, ausgerichtet? Und dir fest vorgenommen, seinen Kopf mit den Zügeln weder nach unten noch zur Seite zu ziehen? Dann also los: Druck mit dem inneren Gesäßknochen und dem inneren Schenkel, damit dein Pferd mit beiden inneren Beinen vor die äußeren Beine und an ihnen vorbei treten kann. Die Vorderbeine sollen exakt dem ersten Hufschlag folgen! Laß dein Pferd nicht „davonlaufen", sondern vermindere den Schenkeldruck sofort, wenn das Pferd übertritt. Hole jeden Seitwärtstritt – ähnlich wie bei der Vorhandwendung – mit exakten Schenkel- und Gewichtshilfen heraus.

Spätestens vor der nächsten Ecke wird das Schenkelweichen beendet. Denk daran, daß die Seiten jetzt wieder „wechseln"! Entlaste den inneren Gesäßknochen, stelle die Zügel um, und bring die Hinterhand deines Pferdes mit dem nunmehr wieder inneren Schenkel auf den ersten Hufschlag zurück. Jetzt geht es wieder in gerader Richtung vorwärts!

Dritter Abschnitt: Zeit zum Entspannen

Inzwischen ist dir und deinen Mitreitern, aber auch den Pferden ganz schön warm geworden. Wahrscheinlich reicht es dir für heute allmählich, und deinem Pferd geht es vielleicht ähnlich. Allerdings: Eine Reitstunde endet nicht mit den schwierigsten Lektionen, diese sind allenfalls der Höhepunkt. Den Abschluß des Arbeitsteils sollte eine einfache, aber gut ausgeführte Übung bilden, die den Reitern und den Pferden das positive Gefühl gibt, etwas Gutes geleistet zu haben. Danach bekommen sie Gelegenheit, sich nach anstrengender Tätigkeit noch in der Bahn zu „beruhigen" und die Stunde gemächlich auslaufen zu lassen. Deshalb wird jetzt nur noch kurzzeitig galoppiert und getrabt, und es werden keine Einzellektionen mehr ausgeführt. In den letzten Minuten reitet man nur noch Schritt am hingegebenen Zügel. Schließlich stellt sich die Abteilung wieder auf der Mittellinie auf, und es kommt das Kommando: „Zügel aus der Hand kauen lassen – Pferde loben!" Doch das sollte reine Formsache sein. Welcher anständige Reiter, ob Schüler oder Lehrer, würde seinem Pferd ein freundliches

Lob verweigern! Pferde sind dafür sehr empfänglich, auch sie lassen sich gern bestätigen, daß sie ihre Sache „gut gemacht" haben. Dein Pferd nimmt nach dem Absitzen sicher auch gern einen kleinen Leckerbissen, am besten ein paar Pellets. Ein oder zwei Stücke schaden trotz der Trense nicht, und sie passen auch leicht in die Reithosentasche.

 ## Nach dem Unterricht

Vergiß nach dem Absitzen nicht, den Sattelgurt zu lockern – dein Pferd wird sich wie „befreit" fühlen! Zieh die Steigbügel hoch, damit sie nicht am Pferdeleib schlackern oder irgendwo hängenbleiben, wenn du dein Pferd aus der Reitbahn führst.

Am oder im Stall nimmst du deinem Pferd das Zaumzeug und den Sattel ab. Das Trensengebiß spülst du am besten unter fließendem Wasser aus, um es vom Speichel des Pferdes zu säubern. Dann bringst du das Lederzeug gleich an seinen Platz in der Sattelkammer. Ein verschwitzter oder naß gewordener Sattel sollte jedoch einige Zeit gut auslüften, beispielsweise auf einer Stange im Freien. Das Leder wird mit einem Tuch trockengerieben.

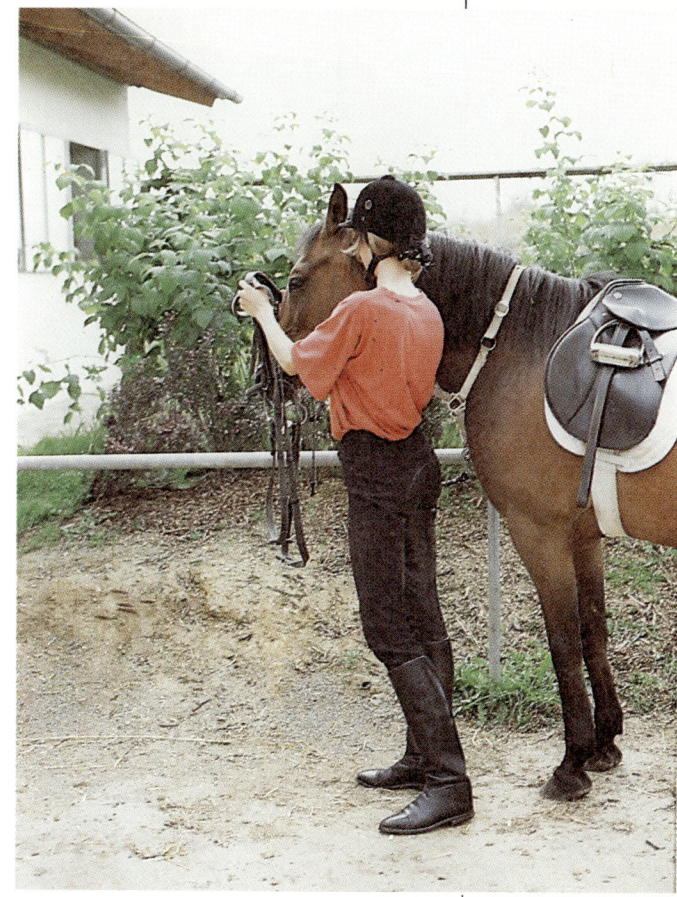

Nach dem Reiten nimmt man als erstes Zaumzeug und Sattel ab

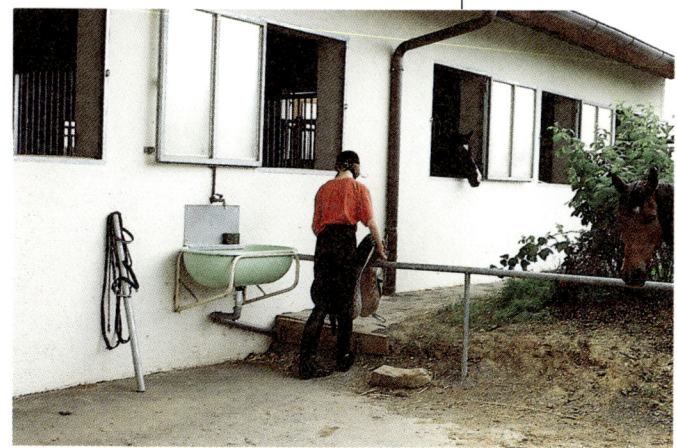

Den Sattel sollte man nicht auf den Boden, sondern über eine Stange legen

*Das Trensengebiß
muß auf jeden
Fall gesäubert
werden: unter
fließendem
Wasser
oder in einem
Eimer mit saube-
rem Wasser*

*An Halterungen
vor der Sattel-
kammer können
Sattel und
Zaumzeug gut
auslüften*

Das Aufräumen nimmt nur wenige Minuten in Anspruch. Gleich danach versorgst du dein Pferd. Nimm dir dafür ausgiebig Zeit, es hat dir schließlich auch lange genug zur Verfügung gestanden. Feuchte Stellen, vor allem die Sattel- und die Gurtlage, die Flanken und den „Schritt" wäschst du an warmen Tagen mit klarem Wasser ab, damit der Schweiß nicht das Fell verklebt. Außerdem wird dein Pferd dadurch erfrischt. Ein Schwamm leistet dazu gute Dienste. Mit einem sogenannten Schweißmesser kannst du danach die Feuchtigkeit aus dem Fell „ziehen". An kühleren Tagen solltest du dein Pferd „trockenführen", damit es allmählich abschwitzen kann. Vergiß nicht, die Hufe nachzusehen. Sind alle Eisen noch fest? Hat sich ein Stein oder ein Holzstück eingeklemmt? Sage es dem Reitlehrer, wenn du etwas Ungewöhnliches feststellst, damit es nicht dazu kommt, daß dein Pferd lahm geht.

Freust du dich schon auf die nächste Reitstunde? Sie wird in ihrem Schema so sein wie die eben beendete und doch wieder etwas anders ablaufen. Schließlich gilt für Reitschüler und Pferde das gleiche: Eintönigkeit stumpft ab, Abwechslung regt an!

An heißen Tagen ist ein „Duschbad" nach dem Reiten eine Wohltat

Mit dem Schweißmesser wird danach das Wasser aus dem Fell gestreift

---

Wußtest du, daß...

...Begriffe wie beispielsweise „Abteilung" aus der Militärsprache übernommen wurden? Die meisten Kommandos, die beim Reitunterricht gegeben werden, stammen von der Kavallerie, das sind die Reitertruppen einer Armee. Unzählige Armeepferde kamen in Kriegen um. Heute brauchen Reitersoldaten nicht mehr in den Kampf zu ziehen. Man sieht sie aber manchmal in Traditionsuniformen bei Paraden oder bei reiterlichen Vorführungen.

Im leichten Sitz über Stangen und niedrige Hürden

Nicht ganz leicht zu lernen: Der leichte Sitz

Bist du mit dem Grundsitz und der Hilfengebung nun gut im Training? Dann kannst du jetzt den leichten Sitz lernen. Er dient dazu, den Rücken des Pferdes zu entlasten. Bei höherem Tempo ist er zudem erforderlich, damit der Reiter nicht die Balance verliert.

Eine Form der Entlastung hast du ja bereits beim Leichttraben kennengelernt. Im leichten Sitz bleibst du ständig mit dem Gesäß aus dem Sattel. Wie weit, das ergibt sich aus der jeweiligen Anwendung. „Leichtreiten" kann man in verschiedenen Abstufungen und in allen drei Grundgangarten. Manchmal genügt es, sich nur ganz wenig zu erheben, zum Beispiel beim Ausbilden junger Pferde oder bei einem rückenempfindlichen Pferd. Der Reiter bleibt dabei mit dem Gesäß *am*, aber *nicht im* Sattel. Man nennt diese einfachste Form auch Entlastungssitz.

Du brauchst den leichten Sitz zunächst für die ersten Springübungen und für den Galopp im Gelände. Dein Gesäß ist dabei – unterschiedlich ausgeprägt – *über* dem Sattel. Fast immer werden für den leichten Sitz die Steigbügel um zwei Loch kürzer geschnallt als für den Dressursitz.

Anfangs trainierst du den leichten Sitz wahrscheinlich in der normalen Reitstunde. Leicht zu lernen ist er aber keineswegs! Erst mußtest du lernen, den Trab gut auszusitzen und beim Angaloppieren nicht nach vornüberzufallen. Und nun sollst du plötzlich aus dem Sattel gehen, aber auch dabei im Gleichgewicht bleiben und in der Bewegung des Pferdes geschmeidig mitgehen. Dein Gewicht liegt nicht mehr auf den Gesäßknochen, sondern wird von den Knöcheln, den Knien und der Hüfte „getragen". Halte die Knie und die Waden tief, und schließe sie gut, denn ein verstärkter Knie- und Wadenschluß gibt dir mehr Sicherheit.

Je raumgreifender dein Pferd galoppiert, um so weiter verlagert es seinen Schwerpunkt nach vorn. Das bedeutet, daß auch du um so mehr deinen Oberkörper nach vorn beugen mußt, damit eure Schwerpunkte weiterhin übereinstimmen. Sonst gerätst du aus dem Gleichgewicht, oder das Pferd kann sich nicht mehr richtig ausbalancieren.

Deine Hände gehen entsprechend weiter nach vorn, bleiben aber ebenfalls tief. Lege sie am besten links und rechts vom Mähnenkamm an. Behalte auch jetzt eine gute Verbindung zum Pferdemaul. Du sollst weder „klammern" noch die Zügel „hinwerfen". Dein Pferd muß auch und gerade im leichten Sitz lenkbar bleiben, nunmehr nur durch Schenkel- und Zügelhilfen. Falls eine Verstärkung der treibenden Hilfen erforderlich wird, kannst du kurz einmal „Platz nehmen", dich also in den Sattel setzen. Achte sowohl beim Hinsetzen als auch beim Wiederaufstehen darauf, daß du dein Pferd nicht mit den Zügeln im Maul reißt!

Auch im leichten Sitz sollst du natürlich so unverkrampft wie möglich sitzen. Nach dem ersten Training hast du zu deiner Überraschung aber vielleicht Muskelkater, obwohl du dich nicht allzusehr verspannt hast. Das ist trotzdem nicht verwunderlich, denn beim Leichttreten werden andere Muskelpartien beansprucht als im Dressursitz. Reittraining, Schwimmen und Gymnastik heißt das erprobte Rezept auch hier!

Tretarbeit – Gymnastik fürs Pferd

Auch Pferde sollte man regelmäßig gymnastisch trainieren,

103

damit sie „fit" werden und bleiben. Lösende Übungen am Anfang der Reitstunde reichen dazu nicht immer aus. Zum Gymnastizieren eignet sich vor allem das Reiten über *Bodenstangen* und *Bodenricks* (Cavaletti). Dabei wird die Muskulatur des Pferdes gedehnt und gekräftigt; Schwung, Takt und Trittsicherheit werden gefördert. Für dich ist die Stangenarbeit gleichzeitig eine Vorübung für das Springen. Außerdem lernst du dabei, noch gefühlvoller auf dein Pferd einzuwirken.

Für das Stangenreiten werden zuerst zwei bis drei, später fünf oder noch mehr dicke Stangen mit einer Länge von zwei bis drei Metern (zum Beispiel von Springhürden) an einer langen Seite quer zum Hufschlag oder in die Mitte der Reitbahn gelegt. Die Abstände zwischen den Stangen müssen so bemessen sein, daß das Pferd ohne Zwischentritte darüber gehen kann. Für den Schritt betragen die Abstände etwa 80 bis 130 cm, für den Trab 100 bis 150 cm. Sie hängen von der Größe des Pferdes und seinem Raumgriff ab. Beim Abteilungsreiten mit unterschiedlich großen Pferden müssen deshalb die Abstände für jedes Pferd einzeln passend gemacht werden.

Die Stangen- und Cavalettiarbeit wird anfangs stets im Schritt durchgeführt. Mache dein Pferd durch halbe Paraden rechtzeitig aufmerksam, und reite geradeaus, möglichst auf die Mitte der Stangen zu. Dein Pferd soll über die Stangen treten, nicht „hüpfen"! Damit es sie gut sehen und richtig darüber treten kann, machst du dich im Sattel leicht und lehnst dich ein wenig nach vorn. Behalte aber Waden und Knie gut am Sattel! Gib die Zügel nach, halte also eine weiche Verbindung zum Pferdemaul, ohne zu stören. So kann das Pferd seinen Hals und Kopf nach vorne-unten strecken, sich dehnen und dadurch die Rükkenmuskulatur loslassen (man sagt auch „hergeben").

Zusätzliche Entlastung für den Pferderücken bringt der leichte Sitz auch schon im Schritt. Im Trab wird auf jeden Fall leicht-

Stangenarbeit beginnt immer im Schritt

Im Trab dürfen die Stangen anfangs so weit auseinander liegen, daß das Pferd mit zwei Beinen in einen Zwischenraum tritt

getrabt oder völlig leichtgesessen. Dadurch gehen auch die Zügelhände weiter nach vorn, und das Pferd hat noch mehr Hals- und Kopffreiheit. Für diese Art des leichten Sitzes braucht man die Steigbügel nicht, wie beispielweise zum Springen, kürzer zu schnallen. Treibende Hilfen sind nur soweit erforderlich, daß das Pferd gleichmäßig vorwärts geht und nicht über die Stangen stolpert. Geschieht das doch einmal, beruhigst du dein Pferd mit der Stimme – und überprüfst deine Zügelhaltung! Dann reitest du noch einmal über die Stangen, sobald sie zurechtgerückt sind. Wenn die Abstände passen und deine Hilfen stimmen, wird dein Pferd in einem sehr deutlichen, gleichmäßigen Takt treten. Auch andere Hilfen, beispielsweise zum Biegen, wenn die Stangen teilweise auf einer gebogenen Linie liegen, soll der Reiter nur sparsam einsetzen.

All dies gilt dann auch für das Reiten über Cavaletti. Dies sind Stangen, deren Enden an Holzkreuzen oder Scheiben befestigt sind. Je nachdem, wie man die Auflagen dreht, liegen die Stangen dicht über dem Boden oder etwa 30 beziehungsweise 40 cm hoch. Für die Gymnastik werden sie nur in der niedrigsten Höhe aufgestellt. Dein Pferd muß nun die Beine etwas höher nehmen, seine Bewegungen werden noch ausdrucksvoller.

Am Rande: Zur Grundausbildung eines Pferdes, aber auch bei „verrittenen" Pferden, wird die Stangenarbeit meist an der Longe durchgeführt; dies ist auch gut für Pferde, die durch einen längeren Stallaufenthalt „stallsteif" geworden sind und

Über Bodenricks (Cavaletti) geht es stets ohne Zwischentritte

wenig Kondition haben, beispielsweise nach einer längeren Krankheit.

Beobachte ein Pferd einmal als Zuschauer, wenn es über Stangen geht! Du kannst – vorausgesetzt natürlich, es wird richtig gemacht – deutlich sehen, wie das Pferd allmählich seinen Rücken nicht mehr wegdrückt, sondern ihn schön rund macht, und wie seine Tritte höher, weiter und schwungvoller werden. Selbst sein Gesicht entspannt sich!

Aber auch bei der Stangen- und Cavalettiarbeit darf man natürlich nicht übertreiben, damit sich die gute Wirkung nicht ins Gegenteil verkehrt und das Pferd zu stark gefordert wird. Deshalb soll ein- bis höchstens zweimal am Tag und nicht länger als zehn bis 15 Minuten „Tretarbeit" gemacht werden. Übrigens: Für Lob ist ein Pferd auch nach der Gymnastik empfänglich!

Verlängerter Galoppsprung

Hab keine Angst, wenn dir das erste Springtraining bevorsteht, du sollst ja nicht auf Anhieb zum „Springcrack" werden. Für spätere Ausritte ist es jedoch sehr nützlich, wenn du in der Lage bist, dein Pferd beispielsweise über einen querliegenden Baumstamm oder über einen schmalen Graben zu lenken. Die Voraussetzung wird geschaffen durch den leichten Sitz und die Stangen- und Cavalettiarbeit. Wenn du dein Pferd gleichmäßig und mit ruhigem Sitz über die Stangen reiten kannst, bist du „reif" für kleine Springübungen.

Damit ein Pferd eine Hürde aber „ernst nimmt" und nicht nur wie bei Cavalettis darüber hinwegtritt, muß sie mindestens 40 bis 50 cm hoch sein. Höhen von mehr als etwa 70 cm werden dir anfangs wohl kaum zugemutet.

Meist übt man die ersten Sprünge während einer normalen Unterrichtsstunde, in Form eines sogenannten Gehorsamssprungs. An einer langen Seite wird ein Cavaletti auf höchste Höhe gestellt. Der Sprung, den das Pferd darüber macht, gleicht einem verlängerten Galoppsprung. Die Abteilung bleibt auf der gegenüberliegenden Seite auf dem zweiten Huf-

Hochgestellte
Cavaletti eignen
sich gut für erste
Springversuche

schlag stehen oder stellt sich auf der Mittellinie auf. Die Reiter reiten einzeln auf den Sprung zu.

Wenn du an die Reihe kommst, dann reite im Schritt oder im Trab an, und trabe bis zur zweiten Ecke der nächsten kurzen Seite. Dann galoppierst du dein Pferd an, gehst in den leichten Sitz über und reitest schnurgerade auf die kleine Hürde zu. Im Moment des Absprungs gehst du mit dem Oberkörper und den Händen noch weiter vor. So gibst du das Pferd „frei", damit es sich mit Hals und Kopf strecken und ausbalancieren kann.

Achte darauf, daß du deinen Kopf etwas seitlich vom Pfer-

Strohballen sind
ein guter Ersatz
für feste Hinder-
nisse (Abb. links)

In manchen Reit-
schulen gibt es
eine eigene
Springbahn. Die
Hindernisse sind
so verstellbar,
daß auch
Anfänger hier
üben können

Die Hauptphasen eines Sprunges: Anreiten ...

... Absprung ...

... Schwebephase ...

... und Landung

dehals hältst. Sonst könntest du getroffen werden, wenn das Pferd beim Ausbalancieren den Kopf hochnimmt. Falle nicht nach hinten, denn dadurch würdest du „hinter der Bewegung" deines Pferdes zurückbleiben und aus dem Gleichgewicht geraten. Mach deine Knie zu, reiß nicht am Zügel, und schau geradeaus und nicht zum Hindernis hinunter!

Besonders wichtig ist es, daß du bei der Landung deinem Pferd nicht ins Kreuz fällst. Stütze notfalls deine Hände auf dem Mähnenkamm deines Pferdes auf. Wenn es mit allen vier Beinen wieder Bodenkontakt hat, sitzt du wieder weich ein. Nach ein paar Galoppsprüngen parierst du dein Pferd über den Trab zum Schritt durch und schließt von hinten an die Abteilung auf. Diese Gehorsamssprünge werden meist auf beiden Händen durchgeführt.

Parcours- und Naturhindernisse

Zum weiteren Üben nimmt man meist verstellbare „künstliche" Hindernisse, wie man sie beim Springreiten in der Reitbahn verwendet. Bei solchen Parcourshindernissen sind die Hindernisteile lose aufgehängt; sie können herunterfallen, wenn das Pferd mit den Beinen dagegen stößt. Sogenannte Natur- oder feste Hindernisse dagegen haben keine abwerfbaren Teile. Günstig ist es, wenn du auch an einem flachen Wassergraben und an einem niedrigen Wall üben kannst, weil dir solche Hindernisse auch beim Ausritt „begegnen" können.

... und drei Stangen übereinander eignen sich gut für leichte Springübungen

Die ersten Ausritte

Sattelfest ins Grüne

Vielleicht möchtest du schon eine ganze Weile endlich einmal mit der Gruppe ins Gelände reiten, aber der Reitlehrer winkt noch ab. Er hat sicher gute Gründe dafür, vor allem vermutlich den, daß du noch nicht ausreichend sattelfest bist. Umgekehrt gilt aber auch: Wenn dich der Reitlehrer für einen Ausritt einteilt und du hast noch Angst davor, dann sage ihm das unbedingt. Auf jeden Fall solltest du es ablehnen, auf einem Pferd auszureiten, mit dem du schon in der Bahn Probleme hast.

An sich ist ein Ritt ins Gelände eine schöne Abwechslung für dich, vor allem aber für dein Pferd. Es sieht, hört und riecht ganz andere Dinge als zu Hause. Und im Gegensatz zu dir kann es nicht einfach auch mal allein losmarschieren, um „Natur pur" zu genießen.

Damit du statt Frische und Erholung nicht einen Alptraum erlebst, mußt du unbedingt fest im Sattel sitzen. Die Sattelfestigkeit bezieht sich nicht nur auf deinen sicheren (auch leichten) Sitz und deine sichere Einwirkung auf das Pferd. Du mußt dein Pferd auch auf Teer- und Schotterstraßen reiten und auf unbefestigten Wald- und Feldwegen, die vielleicht noch feucht vom letzten Regen sind; eventuell werden Stoppelfelder und abgeerntete Wiesen überquert, auf denen mit Löchern zu rechnen ist, oder es geht auf sandiger Strecke durch die Heide beziehungsweise am Strand entlang. Auf jedem Untergrund läuft dein Pferd anders! Oft geht es über Hänge und durch Mulden. Dir und deinen Mitreitern können zum Beispiel Autos begegnen, landwirtschaftliche Fahrzeuge, Radfahrer und Hunde.

Offenes Gelände wechselt mit Wald und Heckenlandschaft, überall mußt du mit kleinen und größeren Wildtieren rechnen – vom auffliegenden Vogel bis zum Feldhasen, der kurz vor deinem Pferd über den Weg hoppelt.

Es gibt viele Dinge und Ereignisse, vor denen ein Pferd erschrecken kann und denen es eventuell auszuweichen versucht. Du mußt es dann trotzdem unter Kontrolle behalten können. Deshalb ist es wichtig, daß du bei einem Ausritt stets aufmerksam bleibst. Gut ist es auch, wenn du bereits weißt, wie dein Pferd auf bestimmte Dinge reagiert. „Draußen" kommt es nicht so sehr auf elegantes, sondern vor allem auf sicheres Reiten an!

Die meisten Pferde sind im Gelände viel munterer als in der Reitbahn, besonders solche, die wenig Koppelgang haben und nicht regelmäßig im Gelände geritten werden. Selbst ein sonst „schlafmütziges" Pferd kann draußen recht energisch vorwärts drängen. In der Gruppe ist außerdem der angeborene Herden- und Fluchttrieb stark. Wenn ein Reiter sein Pferd nicht halten kann und davongaloppieren läßt,

Auf öffentlichen Straßen muß man immer hintereinander und am äußersten rechten Rand reiten

Um eine Straße zu überqueren, wenden alle Reiter gleichzeitig ab

versuchen die anderen Pferde unweigerlich hinterherzurennen!

Grundsätzlich gilt auf öffentlichen Straßen und Wegen (auch in Wald und Flur!) die Straßenverkehrsordnung. Das solltest du dir merken, auch wenn du noch nicht selbständig ausreitest. Laß dich von deinem Reitlehrer auch über die wichtigsten Regeln und Vorschriften für den Feld-, Forst- und Landschaftsschutz aufklären. Sie werden von den einzelnen Bundesländern festgelegt und können deshalb unterschiedlich sein. In vielen Gegenden braucht man eine Ausreitmarke von der Heimatgemeinde oder vom Forstamt. Für Schulpferde erwirbt sie die Reitschule. Diese meist gelben Schilder sind mit großen Buchstaben und Ziffern bedruckt. Man

muß sie zum Ausreiten gut sichtbar am Zaumzeug oder am Sattel befestigen.

Richtig ausgerüstet

Nimm die Gefahren beim Ausreiten ernst, und reite stets aufmerksam. Wenn du sicher sitzt und gut auf dein Pferd einwirken kannst, brauchst du aber keineswegs in ständiger Furcht zu leben. Schütze dich durch vernünftige Kleidung nicht nur vor Verletzungen durch einen Sturz, sondern auch vor tiefhängenden Ästen, vor Dornen, einem kaputten Zaun oder anderem „Ungemach". Setze auf jeden Fall eine stabile, unbeschädigte Sturzkappe mit Kinn- und Nackenschutz auf, auch wenn andere Mitreiter gar keine oder nur eine unzureichende Kopfbedeckung tragen. (Ein verantwortungsvoller Rittführer wird allerdings auf einer Sicherheitskappe bestehen!) Auch Reithandschuhe sind empfehlenswert, um die Hände zu schonen; die Ausführung richtet sich nach der Jahreszeit. Reitstiefel schützen nicht nur die Füße, sondern auch die Waden, gute Turnschuhe zumindest die Knöchel. Die Sohlen müssen ein rutschhemmendes, aber nicht zu tiefes Profil haben, damit sie sich nicht im Steigbügel verhaken können.

Häufig werden die Pferde, falls dies nicht sowieso auch schon beim Bahnreiten gemacht wird, für Ausritte mit Martingal gezäumt (obwohl dies sicher nicht immer notwendig wäre!). Stoßzügel und Ausbinder sind fürs Geländereiten absolut ungeeignet, weil sich das Pferd damit nicht genügend ausbalancieren kann; erst recht nicht geeignet sind Schlaufzügel und andere Dressurhilfen zur Pferdekorrektur. Eine Hilfe für den Reiter, die sich schonend auf das Pferd auswirkt, kann jedoch ein Halsriemen sein. An ihm kannst du dich in etwas kritischen Momenten, etwa beim Springen und Klettern, festhalten und die Zügel locker halten. So fällst du dem Pferd nicht ins Maul.

Laß dein Pferd aufgetrenst

nicht grasen oder Laub fressen! Es kann die Nahrung mit dem Mundstück im Maul nicht richtig zermahlen; unzerkleinertes Gras kann zu einer Kolik führen. Außerdem besteht Gefahr durch Pflanzen, die natürliche oder gespritzte Giftstoffe enthalten. Es können auch Druckstellen auf dem Pferderücken entstehen, weil sich der Sattel verschiebt, wenn das Pferd den Hals nach unten streckt.

Abteilungsreiten im Gelände

Meist stellen sich die Reitschüler vor dem Start in der Bahn auf und werden dort auch eingeteilt. Der Reitlehrer ordnet an, welcher Reitschüler an welcher Stelle in der Gruppe reitet. Er kennt nicht nur die Reiter, sondern auch die Pferde am besten! Verändere deinen Platz unterwegs auf keinen Fall, laß also weder einen „Hintermann" an dir vorbeireiten,

Wenn keines der Pferde drängelt, kann man auf Wiesen oder breiten Wegen nebeneinander reiten

noch reite selber weiter nach vorne oder nach hinten. Meist führt der Reitlehrer die Gruppe an, ein anderer erfahrener Reiter sollte am Schluß mitreiten. Bei einer größeren Gruppe gehen die Pferde zu zweien nebeneinander, solange es die Breite der Wege erlaubt, sonst reitet man einzeln hintereinander. Der Sicherheitsabstand zwischen den Pferden sollte wie in der Reitbahn etwa eine Pferdelänge betragen, nicht weniger, aber auch nicht viel mehr. „Bummler" machen ebenso Probleme wie Drängler. Entweder müssen die anderen Reiter immer wieder auf sie warten, oder die Nachzügler reiten in erhöhtem Tempo nach und bringen dadurch Unruhe in die Gruppe. Reitet jemand zu nah an ein anderes Pferd heran, kann bei Ausweichmanövern das eigene Pferd steigen oder das Vorderpferd ausschlagen. Das ist gefährlich und wirkt sich ebenfalls beunruhigend auf die ganze Gruppe aus.

Wie beim Unterricht in der Bahn bestimmt der Reitausbilder auch unterwegs, welche Gangart geritten wird. Wenn die Abteilung nur aus wenigen Reitern besteht, ruft er ihnen wahrscheinlich die einzuschlagende Gangart zu. Bei großen Abteilungen geht der Zuruf von vorn nach hinten über jeden einzelnen Reiter durch.

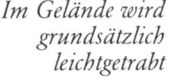

Im Gelände wird grundsätzlich leichtgetrabt

Manche Rittführer bevorzugen die lautlose Anordnung durch Handzeichen. Hochrekken eines Armes bedeutet meist „nächsthöhere Gangart", seitliches Ausstrecken heißt „nächstniedrigere Gangart" oder „Halten". Ein kreisender hoher Arm kann „Tempo verstärken" bedeuten, Winken ist meist die Anordnung, das Tempo zu drosseln. Vielleicht hat dein Reitlehrer noch eine andere Zeichensprache; auf jeden Fall mußt du ständig auf ihn achten, damit dir seine Zeichen nicht entgehen.

Jeder Ausritt beginnt im Schritt. Auch auf hartem Boden reitet man grundsätzlich im Schritt. Erst auf elastischem Untergrund läßt man die Pferde traben. Vergiß dabei nicht leichtzutraben! Wechsle immer wieder den Fuß, denn im Gelände gibt es ja keine „innere" und „äußere" Hand.

Ähnlich ist es beim Galopp. Du nimmst natürlich den leichten Sitz ein. Achte darauf, auf welcher Hand dein Pferd beim ersten Mal anspringt, und versuche, es beim nächsten Galopp auf der anderen Hand anzugaloppieren, laß es also abwechselnd im Links- und im Rechtsgalopp gehen. Der Handwechsel ist notwendig, damit dein Pferd nicht einseitig belastet wird.

Aufgepaßt bei Galoppstrekken, die die Pferde kennen! Häufig versuchen sie, von allein anzugaloppieren. Notfalls mußt du dein Pferd energisch an die Hilfen stellen, damit es auch wirklich erst dann angaloppiert, wenn du es willst.

Geradeaus hinauf und hinab

Ansteigende Wege reitet man oft im Trab oder im Galopp, weil Schrittreiten die Pferde mehr anstrengen würde. Bergab dagegen ist fast immer Schritt angesagt. Wichtig: Stelle dein Pferd niemals schräg, wenn die Reitstrecke ansteigt oder abfällt, sondern reite geradeaus der Hangrichtung nach! Pferde können nicht seitlich klettern wie ein Mensch, sie verlieren durch das Schrägrichten das Gleichgewicht und können stürzen. Bergauf und bergab ist es notwendig, das Pferd im Rücken und im Maul zu entlasten, aber dennoch zu lenken. Dein Oberkörper muß dabei stets nach vorn gebeugt sein. Stütze deine Hände am Pferdehals ab. Wenn du aufrecht sitzen bleibst und eventuell deinem Pferd auch noch ins Maul fällst, läufst du Gefahr, daß es sich – auf dem Weg nach oben – rückwärts überschlägt. Auf dem Weg nach unten kann es wegrutschen und seitlich hinfallen – und du mit ihm.

Niedrige Hindernisse im Gelände wirst du vermutlich ohne Schwierigkeiten meistern, du hast ja in der Reitbahn trainiert. Wenn dir eine Hürde zu hoch oder sonstwie nicht „geheuer" erscheint, reite lieber daran vorbei. Sollte dich jemand deswegen hänseln, dann mach ihm ruhig klar, daß deine Sicherheit hier wichtiger ist als sportlicher Ehrgeiz.

Sollte dein Pferd ein Hufeisen verloren haben, so klingt das Aufsetzen des betreffenden Hufes jetzt dumpfer als das der anderen. Gib in diesem Fall sofort laut die Bitte zum Halten durch. Als erstes wirst du oder ein anderer Reiter nach dem Hufeisen suchen. Egal, ob es gefunden wird oder nicht: Du mußt mit deinem Pferd den Heimweg antreten, und zwar ausschließlich im Schritt.

Hangaufwärts und hangabwärts sitzt man auch im Schritt entlastend

116

Denn mit nur drei Eisen läuft dein Pferd unsicher; außerdem kann der eisenlose Huf ausbrechen. Falls die Gruppe nicht sowieso schon zum Stall zurückreitet, wird dich sicher mindestens ein Reiter begleiten.

Beginnt dein Pferd zu lahmen und ist die Ursache nicht ein im Huf eingeklemmter Stein, den man leicht entfernen kann, mußt du dein Pferd zu Fuß heimführen oder warten, bis es mit einem Transporter geholt werden kann.

Allerdings kommen solche „Pannen" nicht allzu häufig vor, wenn man vor dem Ausritt den Hufbeschlag und die Pferdebeine überprüft. Pferde, die bereits lahm gehen, gehören überhaupt nicht gesattelt, sondern müssen vom Tierarzt untersucht werden.

Kritische Momente

Selbst ein ausgeglichenes Pferd kann sich an einem plötzlich entstehenden Geräusch oder Ereignis, etwa einem Insektenstich, erschrecken. Es gibt zwar kein Patentrezept, nach dem man mit jedem scheuenden Pferd problemlos zurechtkommt, aber doch ein paar wichtige Erfahrungswerte: Verlier nicht gleich die Nerven, sondern bleib besonnen, wenn

Gut gebückt unterm Baum durch!

dein Pferd unruhig wird und zu tänzeln beginnt! Schrei es nicht an, du würdest es damit nur noch mehr verstören. Versuche, es statt dessen mit der Stimme zu beruhigen! Reite es vorwärts, gegebenenfalls weg von dem Gegenstand, der ihm Furcht einflößt. Wenn dein Pferd zu steigen beginnt, heißt es: Hände vor und Hals umklammern! Aber laß die Zügel trotzdem nicht fahren. Will dein Pferd davonstürmen, setz dich nicht gleich in den Sattel. Durch das Einsitzen werden die meisten Pferde schneller, nicht langsamer! In offenem Gelände solltest du versuchen, dein Pferd abzuwenden und einen Bogen zu reiten. Hol weit aus, reite einen großen

117

Kreis und verkleinere ihn bis zur Volte. Deine Mitreiter müssen verhindern, daß ihre Pferde hinter deinem herjagen. Notfalls müssen sie selber auch Kreise reiten. Gibt es keine Möglichkeit zum Abwenden, bleibt dir nur übrig, dein Pferd zu „hebeln". Dieser Rat gilt nur für den wirklichen Notfall! Zügel straff nach oben hin annehmen – nachgeben – wieder annehmen und nachgeben und so fort. Jetzt einsitzen, Oberkörper aufrecht und Beine zu! Durch die Aufwärtsparaden und den Gewichts- und Schenkeldruck muß dein Pferd die Nase hochnehmen. Es wird dadurch gegen seinen Rücken abgebremst und muß sein Tempo verlangsamen. So bekommst du es nach und nach wieder in deine Gewalt. Sprich jetzt mit ruhiger Stimme auf

dein Pferd ein, während du im Schritt weiterreitest. Klopf ihm nicht den Hals, sonst regt es sich vielleicht gleich wieder auf.

Wenn du diese „Notbremsen" nie anwenden mußt – um so besser!

„Im Schritt beginnen, im Schritt beenden!"

Deine ersten Ausflüge zu Pferd dauern vielleicht nur zehn Minuten, wenn sie als Abschluß einer Bahnreitstunde stattfinden. Der Bewegungsdrang der Pferde ist dann nicht mehr so groß, und man kann eine kleine Runde gut im Schritt reiten. So bekommst du überhaupt einmal ein Gefühl dafür, wie es „draußen" hoch zu Pferde aus-

Mit Bedacht ...

... aber ohne Scheu ...

... geht's ins flache Wasser

sieht. Später wird immer wieder einmal eine Reitstunde „halbiert", und du kannst alle Grundgangarten auch im Gelände erproben.

Mit wachsender Erfahrung seiner Schüler wird der Reitlehrer Ausritte anstelle des Bahnun-

terrichts oder zusätzlich dazu ansetzen und sie auf eine bis eineinhalb Stunden ausdehnen, sofern es der Reitplan gestattet. Viele Ritte verlaufen ohne Probleme – bis kurz vor dem Stall. Dann verspüren viele Pferde den sogenannten Stalldrang;

119

sie haben es plötzlich eilig, nach Hause zu kommen, selbst wenn alle anderen Pferde mit ihnen unterwegs sind, und beginnen zu stürmen. Dem kann man vorbeugen: Spätestens etwa einen Kilometer vor dem

heimatlichen Stall wird nur noch im Schritt geritten. Dies dient auch dazu, daß die Pferde „abschwitzen" können und trocken heimkommen. „Im Schritt beginnt der Ritt, im Schritt endet der Ritt!"

Das tut den Pferdebeinen an heißen Tagen gut!

Wußtest du, daß ...

... es sogenannte Reitställe gibt, in denen Pferde einfacher als Autos vermietet werden? Jeder kann sich auf ein Pferd setzen und losreiten, gleichgültig, ob er eine Ahnung vom Reiten hat. Das ist äußerst gefährlich! Viele ahnungslose Möchtegernreiter stürzen bös oder verursachen Unfälle, die bei einiger Erfahrung vermeidbar wären. Die Folgen für den „Reiter" selbst, für das Pferd oder für unbeteiligte Menschen und Tiere sind oft sehr schlimm.

Prüfungen und Freizeit mit Pferden

 **Abzeichen**

Du hast nun schon einiges gelernt und nimmst weiterhin regelmäßig am Reitunterricht und an Ausritten teil. Aber vielleicht vermißt du etwas: eine Art „Bestätigung" für das, was du bisher gelernt hast. Wie wär's mit einer kleinen Prüfung?

Für jugendliche Reiter bis zum Alter von 18 Jahren gibt es zum Beispiel das Abzeichen *Kleines Hufeisen*. Geprüft werden deine Grundkenntnisse im Umgang mit dem Pferd, in der Pferdehaltung und -pflege, das Reiten in der Abteilung und

was du über Sitz, Hilfen und Hufschlagfiguren weißt.

Auch für den *Reiterpaß* sind praktische und theoretische Grundkenntnisse im Reiten und im Umgang mit Pferden erforderlich. Besonderer Schwerpunkt ist hier jedoch das Reiten im Gelände einschließlich kleiner Hindernisse und im Straßenverkehr sowie das richtige Verhalten gegenüber Passanten, Kenntnisse im Umweltschutz und Erste Hilfe bei Unfällen.

Beide Prüfungen werden von verschiedenen Reiterverbänden angeboten.

In der Prüfung für das *Kleine*

Reiterabzeichen (Deutsches Reiterabzeichen Klasse IV) werden etwas höhere Anforderungen im Dressurreiten als in den beiden anderen Prüfungen gestellt. Allerdings dürfen Ausbinde- oder sogar Stoßzügel verwendet werden, und dies stellt die Qualität der Dressurprüfung doch etwas in Frage. Außerdem muß ein Parcours mit mehreren Hindernissen gesprungen werden, und natürlich gibt es auch einen theoretischen Teil. Für das *Bronzene* und vor allem für das *Silberne Reiterabzeichen* mußt du schon einiges mehr können. Für all diese Prüfungen werden Vorbereitungskurse von den Reitschulen angeboten, in denen sie abgehalten werden. Man wird es dir hoffentlich auch sagen, wenn der nächste Prüfungstermin für dich noch zu früh ist und du noch weiter an dir arbeiten solltest.

Wenn du eine solche Prüfung auf Anhieb bestehst, dann ist das ein schöner Erfolg. Allerdings solltest du nicht hochmütig werden und glauben, daß du jetzt alles kannst und nichts mehr dazulernen mußt! Es gibt immer noch vieles, was du noch nicht beherrschst.

Öffentliche Wettbewerbe

Möglicherweise hast du eines Tages Lust, deine reiterlichen Fähigkeiten in der Öffentlichkeit unter Beweis zu stellen. Für Turnieranfänger gibt es die sogenannten *Reiterwettbewerbe*, meist in der Anforderung der *E-Klasse* (E = Erst, Einstieg). Das ist die unterste Turnierstufe. Hier kann das Reiten in der Abteilung ebenso geprüft werden wie das Einzeldressur- oder -springreiten.

Reiterspiele und Rallyes

Wettbewerbe gibt es auch außerhalb öffentlicher Veranstaltungen. In vielen Reitschulen und Vereinen werden von Zeit zu Zeit interne Stall- oder Vereinsturniere abgehalten. Dabei können sich die Reitschüler untereinander messen, zum Beispiel im Dressurreiten, eingeteilt in Gruppen, die ihrem Können entsprechen. Manchmal gibt es auch Schaunummern, beispielsweise Quadrillen. Das sind Formationen mit vier, acht oder mehr Reitern. Rechne mit einer Reihe von Extra-Übungsstunden, wenn du daran teilnehmen darfst!

Abwechslung, Spaß und Spannung bieten auch Reiterspiele und Rallyes. Vom Apfelfischen bis zum Zwiebellauf, vom Stangenslalom über Wippegehen bis zu kurzen Rennen und noch viel weiter reicht die Palette an Geschicklichkeits- und Geschwindigkeits-„Proben". Eine Rallye führt ins Gelände und kann, wie die Spiele in der Reitbahn, mit theoretischen Fragen „gewürzt" werden. Wichtig ist bei allem Spaß und aller Spannung, daß auch hierbei „sauber" geritten wird!

 ### Woher ein Pferd nehmen?

Für den einen oder anderen Kurs oder Wettbewerb stellt dir vielleicht deine Reitschule ein Schulpferd zur Verfügung. Was aber tun, wenn dies nicht möglich ist, du aber kein eigenes Pferd besitzt? Schau dich doch mal in deinem Freundes- und Bekanntenkreis um, auch bei den Privatreitern in deinem Reitstall. Vielleicht leiht dir je-

mand sein Pferd für eine Weile aus. Du solltest dein Leihpferd möglichst schon einige Zeit reiten können, bevor du in den Kurs oder die Prüfung gehst. So stellst du auch rechtzeitig fest, ob du überhaupt mit ihm zurechtkommst. Kläre gleich zu Anfang, was an Gegenleistung erwartet wird – etwa regelmäßige Stallarbeit oder ein bestimmter Betrag als „Hafergeld".

Gelegentlich ist ein Pferdebe-

sitzer sogar froh, wenn jemand sein Pferd für eine Weile reitet, zum Beispiel während einer längeren Reise. Meist ist so ein „Glücksfall" aber nur eine vorübergehende Sache.

Du kannst dich auch nach einer *Reitbeteiligung* umsehen. Viele Pferdebesitzer/innen haben zwar ein eigenes Pferd, aber nicht immer genügend Zeit, um ihr Pferd täglich zu reiten. Oder die Unterhaltskosten strapazieren ihren Geldbeutel arg! Oft treten die Gründe dafür erst lange Zeit nach der Anschaffung des Pferdes ein, und ein Verkauf käme nur im äußersten Notfall in Frage. Nach Absprache kannst du dann zu bestimmten Zeiten reiten, dafür beteiligst du dich an den Haltungskosten. Reitbeteiligungen sind meist auf längere Dauer angelegt.

Die Vorstufe für ein eigenes Pferd könnte ein „halbes" Pferd sein. Du (beziehungsweise deine Eltern) bringst einen Teil des Kaufpreises und der Haltungskosten auf und wirst so zum *Mitbesitzer*. In diesem Fall müssen alle Einzelheiten sehr genau festgelegt werden, damit es später nicht zu dauerndem Ärger kommt: etwa darüber, wer wann wie und wie lange reitet.

Vor dem Kauf eines *eigenen Pferdes* mußt du natürlich wissen, wo du es unterbringen und richtig versorgen kannst. Mach dir bewußt, daß du die ganze Verantwortung für das eigene Pferd trägst, auch wenn du nun deinerseits jemanden an deinem Pferd beteiligst.

Vertrauen schaffen!

Ob du nun ein fremdes oder dein eigenes Pferd reitest: Erwarte keine Leistungen von ihm, die es nicht erbringen kann, weil es beispielsweise nicht dazu ausgebildet wurde oder weil es ihm nicht gutgeht. Strafe es nicht für deine Fehler, und laß deinen Ärger nicht an ihm aus! Versuch nicht, ihm jede kleine, harmlose Eigenheit auszutreiben. Jedes Pferd hat

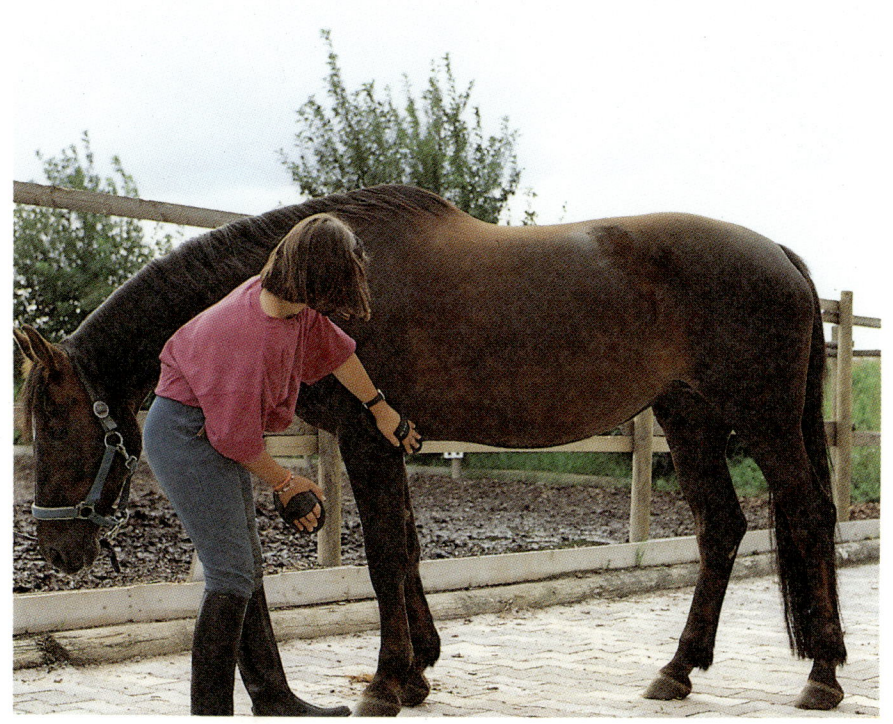

schließlich eine ganz persönliche Wesensart und eigene Lebenserfahrungen. Geh so mit „deinem" Pferd um, wie du wohl auch selbst behandelt werden möchtest: mit Verständnis, Wärme und Konsequenz. Das gibt ihm Sicherheit und stärkt das gegenseitige Vertrauen.

Dazu trägst du besonders bei, wenn du dich auch außerhalb des Reitens mit ihm beschäftigst und öfters in seiner Nähe bist, gleichgültig ob es sich um ein Schulpferd oder um ein privates Pferd handelt. Vielleicht kannst du beim Füttern und Ausmisten helfen, beim Gang zur oder von der Koppel, beim Beschlagen und wenn der Tierarzt kommt. Vielleicht suchst du dein bevorzugtes Pferd auch öfters in der Box auf. Respektiere aber dabei seine Bedürfnisse, störe es also nicht beim Fressen oder Schlafen.

Pferde entwickeln schnell ein Gespür dafür, wer sich gern und gut um sie kümmert, und begrüßen „ihren" Menschen oft freudig. Nimm dir Zeit, und schau Pferden auch auf der Koppel zu – nicht nur im Vorübergehen, sondern ausgiebig und auch zusammen mit anderen Pferdefreunden. Pferde können ihre Eigenarten am besten entfalten, wenn sie sich, inmitten von Artgenossen, frei bewegen können. Du wirst deshalb viel Kurzweil beim Beobachten haben und ganz nebenbei viel über ihr Wesen erfahren.

Vielleicht treffen wir uns ja einmal – nicht nur auf dem Reitplatz, sondern auch an einer Koppel. Reiten ist eben auch mehr als Reiten!

> # Vergiß über der Freude am Reiten nie die Bedürfnisse der Pferde! Nur dann bist du nicht nur Reiter, sondern auch Pferdefreund.

Der herzliche Dank der Autorin

gilt allen Reiterinnen, Pferdebesitzern und Stallinhabern, die
bereitwillig immer wieder sich selbst, ihre Pferde, ihre Anlagen
und ihre Mithilfe für Aufnahmen zur Verfügung gestellt und dabei
oft viel Geduld aufgebracht haben.

Abgebildet sind:

Cordula mit Lamira, Maresa (Wolfshof, Schönaich)

Daria und Mara mit Prinz
Jasmin mit Lissi
Simone mit Maiglanz
Tina mit Karat
Uschi mit Fighter
sowie Puschkin
(Lindenäckerhof Manfred und Inge Bihler, Filderstadt-
Bonlanden)

Miriam mit Attore
Annette mit Ganove
Vivien mit Partout
Iris mit Hazardeur
Judith mit Wyatt Earp
Christine mit Attore, Calysto und William
Ulrike und Isabell
Wildfang Westpoint, Iron, Youngster
(Reitschule Metzingen Achim und Andrea Franz)

Tanja mit Sandra
(Gestüt Alfred und Bärbel Münzenmaier, Neuffen)

Polle mit Moritz (Hof Walther Rhebaum, Damme)

Über die Autorin:

Edel Marzinek-Späth arbeitet als freie Journalistin und Buchautorin. Sie war leitende Redakteurin einer Pferdezeitschrift, hat mehrere Bücher veröffentlicht und zahlreiche Artikel auch über Pferde verfaßt. Unter anderem ist sie Autorin des im Schneider Verlag erschienenen Lexikons »Pferde A-Z«.
Schon seit dem Kindesalter geht die solide ausgebildete Reiterin mit Pferden um. Ihr eigener reichhaltiger Erfahrungsschatz wird bei allen Veröffentlichungen über Pferde durch die fachkundige Beratung ihres Ehemannes Addi Marzinek ergänzt, der langjähriger Reiter, Pferdeausbilder und Hufschmied ist.

Bildnachweis:

Werner Ernst: S.6;
Sabine Küpper: Vorsatz vorne und hinten;
Edel Marzinek-Späth: alle Fotos Innenteil.

Titelfoto: Werner Schulzki
(Pony-Park Padenstedt, Wolfgang Kreikenbohm)

SACHREGISTER

Sachbücher für Pferdefreunde

Das Abc des Reitenlernens – von der ersten Longenstunde bis zu einfachen Prüfungen und Wettbewerben. Ein Buch für die Praxis!

Alles über das Verhalten von Pferden, ihre Körpersprache und den richtigen Umgang mit ihnen. Der Schlüssel zum wahren Pferdeverständnis!

Ein Buch über die Entwicklung der verschiedenen Pferdetypen und die Beurteilung von Pferden. So lernt man Pferde besser kennen!

Alles rund ums Freizeitreiten – von der Ausrüstung über das richtige Verhalten im Gelände bis hin zu Reiterferien. Freizeitreiten – leicht und sicher!